大谷栄一
川又俊則
猪瀬優理
編

基礎ゼミ
Preliminary Seminar of
Religious Studies

宗教学

〔第2版〕

JN094199

世界思想社

〈ワークシートのご案内〉

・本書は、①対面授業用と、②オンライン授業（独習）用の2種類のワークシートを
用意しています。①は紙版（155〜186ページ）とPDF版、②はPDF版のみです。
・①②とも、PDF版は書き込み可能な仕様で、本書ご購入者に提供します。ご入用の
方は、申請フォームに必要事項をご記入いただき、送信してください。
https://docs.google.com/forms/d/e/1FAIpQLSehtWV_Fgo6iojJxpRd13z2gyHko
Z1bEAA14t-EViYzM1-iuA/viewform

目　次

はじめに——アクティブラーニングで宗教を学ぶ　1

第Ⅰ部　「宗教」のイメージをとらえなおそう！

第1章　「宗教」はどのようにイメージされるのか？　大谷栄一　6
——「信仰のない宗教」、宗教情報リテラシー、「宗教」概念

1　「宗教」とはいったいなんだろうか？　6

2　統計データとメディアに見られる「宗教」　8

3　「宗教」イメージをめぐるディスカッション　10

4　問いなおされる「宗教」概念　11

第2章　お寺や神社、教会はどういう場所なのか？　板井正斉　15
——過疎、人口減少社会、ソーシャル・キャピタル

1　地域には多様な宗教施設がある　15

2　宗教施設と地域社会の現状と課題　16

3　未来の宗教施設を創造するポスターセッション　19

4　宗教施設は地域のつながりを再構築できるか　20

第3章　社会にとって宗教団体とはどんな存在か？　大澤広嗣　23
——宗教法人法、政教分離、宗教団体の社会参加

1　宗教団体と宗教法人　23

2　宗教団体（法人）にかかわる制度と分類　24

3　宗教団体の社会参加をめぐる相互インタビュー　28

4　宗教団体は社会にどうかかわるか　29

第Ⅱ部　あなたの身近な宗教体験を分析しよう！

第4章

なぜ「成人式」を行うのだろうか？　　　　　　相澤秀生 34
　　　　　　　　　　──信仰、アイデンティティ、通過儀礼

1　「宗教」「信仰」を態度からとらえる　34

2　さまざまな儀礼　35

3　「成人式」は必要かどうかをめぐるディベート　38

4　儀礼は無用の長物か？　39

第5章

お祭りにはどんな意味がある？　　　　　　　藤本頼生 42
　　　　　　　　　　──祭祀、祝祭、コミュニティ文化

1　多種多様な「祭り」　42

2　「祭り」の語義と構造を考える　43

3　シンク・ペア・シェアで「イベント」との違いを探る　46

4　見る祭りと都市の祭り　47

第6章

巡礼者は何を求めて聖地に向かうのか？　　　碧海寿広 50
　　　　　　　　　　──聖地、世界遺産、真正性

1　聖地を巡礼する人びと　50

2　聖地巡礼とその体験の多様性　51

3　KJ法で新しい巡礼モデルを作る　54

4　巡礼をめぐる真正性とツーリズム　55

第Ⅲ部　現代宗教の争点を読み解こう！

第7章

いのちを教えることができるのか？　　　　　川又俊則 60
　　　　　　　　　　──寛容の態度、宗教文化教育、教科としての道徳

1　宗教と学校教育　60

2　宗教教育とは何か　61

3　学校での宗教文化教育をめぐるジグソー法　63

4　宗教と道徳といのちの教育　65

第8章 「女人禁制」はつづけるべきか？　　　　　　　　小林奈央子　69
　　　　　　──霊山、ジェンダー、家父長制

　1　「女人禁制」とは？　69

　2　女人禁制の歴史と現況　70

　3　女人禁制についてディスカッションする　72

　4　ジェンダーの視点から女人禁制をとらえる　73

第9章 「カルト問題」にどう向きあうか？　　　　　　　塚田穂高　76
　　　　　　──カルト、偽装勧誘、マインド・コントロール

　1　「カルト」イメージの錯綜　76

　2　「どれがカルトか」から「カルト問題」という視角へ　77

　3　「カルト問題」への対応策をケースメソッドで考える　80

　4　「カルト問題」の核心をつかむ　81

第Ⅳ部　宗教から多文化主義を考えてみよう！

第10章 公共領域から（どれだけ）宗教を排除すべきか？　　藤本龍児　86
　　　　　　──政教分離、世俗主義、市民宗教

　1　「近代社会」に対する問いなおし　86

　2　護摩化されてきた「政教分離」　87

　3　「公共領域における宗教」についてのグループ討論　90

　4　「公共領域における宗教」の危険性と重要性　91

第11章 ヴェールはなぜ問題となるのか？　　　　　　　猪瀬優理　95
　　　　　　──オリエンタリズム、ポストコロニアル、フェミニズム

　1　イスラームをめぐる社会状況　95

　2　ヴェールをめぐる論争　96

　3　日本でのヴェール問題をめぐるケースメソッド　99

　4　オリエンタリズムを超えて　100

第12章 日本社会は移民とどう向きあうのか？　　　　　　　白波瀬達也　104
　　　　　　——入国管理法、多文化共生、エスニシティ

　　1　日本における移民の増加　104
　　2　移民と宗教のかかわり　106
　　3　「移民の信仰」をめぐる葛藤状況のロールプレイ　108
　　4　多文化共生が進む宗教　110

第Ⅴ部　死を見つめなおすために

第13章 なぜ墓参りをするのか？　　　　　　　　　　　川又俊則　114
　　　　　　——先祖／祖先、葬後儀礼、両墓制

　　1　日本人と墓参り　114
　　2　家族の変化と葬送の歴史　115
　　3　「理想のお墓」を描くポスターセッション　119
　　4　21世紀の先祖祭祀の行方　119

第14章 戦没者をどこで追悼する？　　　　　　　　　　大谷栄一　123
　　　　　　——靖国問題、「戦争の記憶」、コメモレイション

　　1　8月15日の全国戦没者追悼式　123
　　2　日本における戦没者の追悼施設　124
　　3　戦没者の追悼場所と方法をめぐるディスカッション　127
　　4　慰霊・追悼研究と「戦争の記憶」　128

第15章 被災者は宗教に何を求めるか？　　　　　　　　黒崎浩行　131
　　　　　　——「心のケア」、臨床宗教師、霊性

　　1　自然災害による死別・喪失　131
　　2　宗教者・宗教団体の災害支援活動と「心のケア」　132
　　3　「心のケア」をめぐる相互インタビュー　135
　　4　霊性に寄り添う　136

引用文献一覧　139　　紹介マップ・動画一覧　145
あとがき　146
巻末資料　147　　ワークシート　155　　索引　187

はじめに──アクティブラーニングで宗教を学ぶ

本書のめざすもの

　この本は、「宗教」をアクティブラーニングという手法で学ぶために作られた教科書です。教員が学生に向けて、宗教に関する知識や見方を伝える講義型の授業を想定した従来の教科書に対して、本書は学生の主体的・対話的な深い学びを重視するアクティブラーニング型の授業を提案しています。

　数々のグループワーク（グループディスカッション、ポスターセッション、相互インタビュー、ディベート、シンク・ペア・シェア、KJ 法、ジグソー法、ケースメソッド、ロールプレイ等）と個人ワークを通じて、宗教を多面的に分析する能力を高めるとともに、宗教情報リテラシー（宗教情報を批判的に読解する能力）を習得することをめざします（なお、アクティブラーニングの技法については中井俊樹編『アクティブラーニング』玉川大学出版部、2015 年を参考にしました）。

　また、自分の見解や分析をグループのなかで発表し、レポートにまとめるためのプレゼンテーション能力や思考力を育むことも本書の目的です。

　では、なぜ今、アクティブラーニングで宗教を学ぶことが必要なのでしょうか？

注目されるアクティブラーニング

　まず、「アクティブラーニング」の定義を確認しておきましょう。たとえば、教育学者の溝上慎一は、次のように定義しています。

　　一方向的な知識伝達型講義を聴くという（受動的）学習を乗り越える意味での、あらゆる能動的な学習のこと。能動的な学習には、書く・話す・発表するなどの活動への関与と、そこで生じる認知プロセスの外化を伴う。

　　　　　　　　　（『アクティブラーニングと教授学習パラダイムの転換』東信堂、2014 年）

　アクティブラーニングは「能動的学習」「主体的学び」などと訳されるように、学生みずからの「書く・話す・発表する」行為が基本になります。ただし、この言葉が日本社会で普及するようになったのは、近年のことです。もともとは1980〜90年代にアメリカの高等教育改革のなかで草の根的に普及したものが日本に伝わりました。当初はごく一部の大学で実践されてきましたが、今では国内の多くの大学で取り入れられています。

宗教を学ぶことの重要性

　ここで、（大学生・短大生であれば）みなさんが小学校から高校までの間に、どれだけ宗教のことを学んできたのかを振り返ってみてください。公立の小中学校では集中的に宗教を学ぶ機会はほとんどなく、宗教系の学校に通うか、信仰熱心な家庭で育ったのでなければ、宗教を学ぶ機会は少なかったはずです（第7章参照）。

　では、宗教を学ぶ必要はないのでしょうか？　たしかに、日本人と宗教のかかわりは薄いかもしれません。世論調査によれば、現代の日本人で信仰をもっている人の割合は約3割です（第1章）。ですが、日本人がまったく宗教や宗教的なものにかかわっていないのかというと、じつはそうでもないのです。たとえば、お盆やお彼岸など、日本人の約7割がお墓参りに行きます（第13章）。また、お祭り（第5章）や成人式などの通過儀礼（第4章）を体験した人は少なくないでしょう。くわえて、グローバル化した現代社会では、移民の文化や宗教に対する理解が不可欠です（第12章）。

　こうして自分たちの生活や社会、さらには世界を見渡したとき、むしろ、宗教とのかかわりは欠かせません。現代世界を生きていくうえで、自分と宗教のかかわり、宗教と社会の関係、地域社会の文化や伝統の変化、外国人の文化や信仰（第11章）、海外の宗教動向（第10章）など、宗教をめぐる問題を学ぶことはとても重要です。こうした問題に対して、自分なりの意見や主張をはっきりともつためにはアクティブラーニングが有効である、と私たち編者は考えます。

本書での学び方

　では、本書での学び方を説明しましょう。

ポスターセッションによるグループワーク　　　完成した作品のプレゼンテーション

　各章のタイトルは、「「宗教」はどのようにイメージされるのか？」（第1章）のような問いになっており、この問いに対する自分たちなりの答えを導くために、グループワークを行います。さらに、各章に自分で行うワークも2つ用意しました（ワークシートは巻末に掲載）。つまり、本書では個人ワークとグループワークによるアクティブラーニングを行うことで、学びを深めてもらいます。

　まず、第1節は導入にあたり、学習のポイントと到達点が記されています（ここで、【ワーク1】を行う。場合によっては事前学習）。第2節は問いの解説に相当し、問いの背景や意図、概念の定義、基本事項などが説明されています。第3節ではグループワークが提示され、その位置づけやねらい、具体的な授業展開が解説されています。

　グループワークの具体的なイメージを理解していただくため、編者のひとり（大谷）による実際の授業（2016年度前期の宗教社会学）の様子をご覧ください。

　写真は、「「理想のお墓」を描くポスターセッション」の様子です（第13章）。受講者数は50名で、1グループ4名前後で、12グループにわかれて作業しました。まず、自分たちの考える理想のお墓をグループごとに話しあい、その結果をマジックとクレヨンを使ってポスターに表現します（ポスターには自分たちの考えたお墓のテーマとお墓のイラストを書く）。次にグループの代表がその場に残り、それをプレゼンテーションしました（代表以外のメンバーは他グループの作品を見学するために教室を巡回）。

　このようなグループワークを踏まえて、第4節のまとめに入ります。宗教学・宗教社会学的な分析視点によるワークの解答例が示され、その章の分野の最新の研究動向やさらなる研究課題が提示されています。最後に【ワーク2】

では、その章の学びの振り返りを個々人で行うしくみになっています。

　章末にはキーワード解説をつけるとともに、さらに学びたい人のためにブックガイドも用意しています。章によっては巻末に参考資料も掲載しました。

　「知らない人どうしだと自分とは違った見方が多く、楽しかった。さまざまな考えをもつようになったのでよかった」。

　これは、先に紹介した私の授業を受講した学生の感想です。

　アクティブラーニングで宗教を学ぶことによって、学ぶことの楽しさを感じながら、宗教に対するみなさんの理解が深まり、本書で取り上げられている諸問題に対する自分なりの意見や主張が明確になることを願ってやみません。

第2版のための補足

　2017年に出版された本書（初版）は、さまざまな大学や教育機関の宗教学関係の授業で活用され、ありがたいことに刷を重ねることができました。刊行から年数が経ったこともあり、今回、第2版を刊行することになりました。

　最新の宗教状況や宗教問題に即して各章の内容や巻末資料等を見直し、参考文献も更新しています。また、新しい試みとして、対面授業用のワークシートとは別にオンライン授業用／独習用のワークシートを作成しました。

　周知の通り、2020年1月以降、日本国内でも新型コロナウイルス感染症（COVID-19）がまん延し、大学では対面授業がオンライン授業に切り替えられました。今後、（コロナ禍以外の場面も含めて）オンライン授業や1人で学習する場合を想定しました。そのワークシートは、iiページのURLまたは2次元コードから申請できますので、ご活用いただければと思います。

　現在も世界中で宗教をめぐるさまざまな事態や問題が見られます。現代世界を理解するうえで、宗教への理解や認識を身につけ、自分なりの考えをもつことが不可欠です。本書を通じて宗教に関する学びを深めていただければと思います。

（編者　大谷栄一）

第I部

「宗教」のイメージを
とらえなおそう!

第 1 章

「宗教」はどのようにイメージされるのか？
——「信仰のない宗教」、宗教情報リテラシー、「宗教」概念

大谷栄一

- ✔現代日本人と宗教のかかわりを考える。
- ✔マスメディアで報道される宗教情報の特徴をつかむ。
- ✔自分が抱いている「宗教」イメージを見なおす。

到達点

- ✔自分と宗教のかかわり、「宗教と社会」の関係を理解する。
- ✔メディアが日本人の宗教意識に与える影響を把握する。
- ✔宗教情報を批判的に読み解く宗教情報リテラシーの重要性を認識する。

1 「宗教」とはいったいなんだろうか？

「宗教」の定義

「宗教」と聞いて、あなたは何を思い浮かべるだろうか？　京都に住んでいる筆者にとっては、寺院や神社、教会が身近にあり、そうした宗教施設のことがまず頭に思い浮かぶ。また、近年は海外のイスラーム関係のニュースが報道される機会が多いので、イスラームのことを思い浮かべる人もいるかもしれない。

このように「宗教」という言葉からイメージされるものは、さまざまである。

では、そもそも「宗教（religion）」とはなんなのだろうか？　ここで、『広辞苑　第七版』の定義を紹介しておこう。

神または何らかの超越的絶対者、あるいは卑俗なものから分離され禁忌された神聖なものに関する信仰・行事。また、それらの体系。帰依者は精神的共同社会（教団）を営む。

　要約すると、「神聖なものに関する信仰・行事・教団」とまとめることができる。じつは、この定義は、フランスの社会学者 E. デュルケムが『宗教生活の原初形態』で 1912 年に示した定義をほぼそのまま踏襲している。デュルケムは、宗教が聖なるものをめぐる集団表象であり、社会的なもの（社会現象）であることを強調した（デュルケム 1975）。

　　　　「宗教」と「宗
　　　　教的なもの」　　　　しかし、デュルケムの定義から百年以上を経た現代日本で、宗教のイメージ（表象）や定義は変わらないのであろうか。日本の神道や民俗信仰は教義化された信仰がなく、デュルケムの定義にそもそも当てはまらない。さらには、現代日本ではヨガや気功といった「宗教的なもの」を実践する人たちも多い。

　こう考えると、はたして「宗教」とはいったい、なんなのだろうか？

　この章では、私たちが抱いている「宗教」イメージがどのようなもので、それがどのように形成されているのかを、グループディスカッションを通じて検討することにしよう。

ワーク1

　あなたが「宗教」と聞いて思い浮かべるものを書こう。特定の宗教や宗教者のような具体的なものでも、あなたの考える宗教観のような抽象的なものでも構わない。最初に思い浮かぶイメージを列挙し、最後にそれらを整理して、自分の「宗教」イメージの特徴を記そう。

2 統計データとメディアに見られる「宗教」

統計データからみ
る日本人の宗教性

日本人の宗教性の特徴とはなんだろうか？　現代の
日本人は「無宗教」を自認する人が多い。はたして、
日本人は本当に「無宗教」なのだろうか。

　ここで、統計データを参照して、日本人の宗教性を検討してみよう。これま
で、第二次世界大戦後の日本人の信仰の有無や宗教行動について、複数の世論
調査が行われてきたが、ここでは継続的に調査をしている『読売新聞』と統計
数理研究所のデータを紹介しよう（石井 2007、統計数理研究所 2016、『読売新聞』
2008 年 5 月 30 日朝刊）。

　「あなたの信じている宗教はなんですか」などの質問をしている『読売新聞』
の全国世論調査の結果を見ると、1952 年には 64.7％の人が仏教や神道、キリ
スト教などの宗教を信じていると回答している。ところが、その割合が 1965
年には 56.0％、1969 年には 35.8％、1979 年には 33.6％と減少し、1984 年以
降は 30％を切り、最新の 2008 年の結果では 26.0％となっている。

　一方、統計数理研究所の「日本人の国民性調査」では、「宗教を信じるか」
という質問を行っており、その結果を見ると、「信じる」と回答した割合は
1958 年の 35％からはじまり、1968 年の 30％、1978 年の 34％、1988 年の
31％、1998 年の 29％、2008 年の 27％と、一貫して 30％前後を推移している。
ちなみに、最新の 2013 年のデータでは 28％となっている。

　つまり、2 つの統計データから、現在では宗教を信じる日本人の割合が
30％弱であることがわかる。逆に考えると、70％以上の日本人が「宗教を信
じない」「信仰をもっていない」と考えているのである。

「信仰のない
宗教」とは？

ところが、宗教行動という観点から見なおすと、
まったく違った結果が浮かび上がる。

　データが少し古いが、『読売新聞』が 2008 年 5 月に実施した世論調査を見
てみよう（層化二段無作為抽出法、有効回収数 1,837 人、有効回収率 61.2％）。「次の宗
教に関することのなかで、あなたがしていることや、したことがあれば、いく

つでも挙げて下さい」との質問に 15 の選択肢が示され、「盆や彼岸などにお墓参りをする」78 ％、「正月に初詣でに行く」73 ％、「しばしば家の仏壇や神棚などに手をあわせる」57 ％、「子どものお宮参りや七五三のお参りに行く」51 ％の順で回答が多かった（『読売新聞』2008 年 5 月 30 日朝刊）。

　信仰をもっている割合は 30 ％弱であるにもかかわらず、墓参りや初詣に行く割合は 70 ％を超えているのである。初詣や墓参りに行く人たちには「宗教行動」をしているという意識はないと思われるが、宗教学的な観点からすると、これらは明らかに「宗教行動」である。

　こうした日本人の宗教性を、宗教学者の柳川啓一は **「信仰のない宗教」**（柳川 1991）と名づけている。つまり、明確な自覚や意識のない慣習的な宗教行動を行う点に、日本人の宗教性の特徴があるのだ。

メディアと宗教

私たちはどのように宗教に接しているのかを考えてほしい。

　日頃、私たちは新聞、雑誌、本、ラジオ、テレビ、インターネットなど、数多くのメディア（media、媒体）に囲まれて生きている。こうしたメディアを通じて、「宗教」に関する情報を入手する人が多いのではなかろうか。

　メディアと宗教のかかわりは戦前にさかのぼる。文明開化の明治初期から宗教界で新聞・雑誌の刊行がはじまり、大正時代には多くの僧侶や仏教系知識人がラジオ演説を行った。

　ラジオやテレビで宗教番組が本格的に放送・放映されるようになるのは、戦後である。1946 年に NHK ラジオで「宗教の時間」の放送がはじまり（現在も放送中）、1960 年に日本テレビで「宗教の時間」が、1962 年に NHK テレビでも同名の番組がスタートした（後者は「こころの時代」と改題され、現在も放映中）。

　1990 年代後半からのインターネットの普及は宗教界にも影響を及ぼし、現在では blog や Facebook、X、Instagram、YouTube などが活用されている。

　これらのさまざまなメディアを通じて、現在、じつに大量の宗教情報が社会に流通しており、誰もがそれらを簡単に入手できるようになった。しかし、家庭から神棚や仏壇が消え、学校で宗教に関する知識がわずかしか教えられない状況のなかで、「テレビがわれわれの宗教的リアリティにかなりの影響を与え

ているという事実を十分に危惧しなければならない」、と警鐘を鳴らすのは宗教学者の石井研士である（石井 2008）。

　石井によれば、テレビでの宗教のイメージや情報はステレオタイプ化しているという。伝統宗教を伝統行事としての側面のみ強調して繰り返し放映すること、宗教団体や宗者者の事件を過度に報道して新しい宗教団体の危険性を煽ること、超能力や心霊番組などに見られる宗教のバラエティ化というべき特徴を石井は挙げている（石井編 2010）。

　　　　宗教情報リテラ　　　ステレオタイプ化した宗教のイメージや情報に接す
　　　　シーの重要性　　　ることで、私たちは偏った宗教イメージを抱きつづけることになる。

　ここで重要になるのが、宗教情報に関するメディア・リテラシーである。メディア・リテラシーとは、「メディアを意識的にとらえ、批判的に吟味し、自律的に展開する営み、およびそれを支える術や素養のこと」（水越 2012）である。テレビやインターネットなどで流通する宗教情報に対して、メディア・リテラシーを発揮すること。すなわち、**宗教情報リテラシー**が求められる。

　上記の例以外にも、海外のイスラーム関係のテロ事件のニュースに接した際、イスラーム＝過激派というイメージを抱くのでなく、その報道を批判的に吟味し、過激な事件を起こす一部のイスラーム勢力と他の大多数のイスラーム信者を区別することが求められるのだ。

　私たちに求められているのは、大量の宗教情報を受け身的に受容するのではなく、そうした情報を宗教情報リテラシーによって能動的にとらえなおす能力を身につけることである。

3 「宗教」イメージをめぐるディスカッション

　　　　テーマと手法　　　本章では、現代日本社会における「宗教」イメージ
　　　　　　　　　　　　　をめぐるさまざまな諸問題を、グループディスカッションによって検討することにしよう。受講者が思い浮かべる「宗教」イメージがどのような環境や影響によって形成されてきたのかを話しあう。

ねらい

人が思い浮かべる「宗教」イメージはさまざまである。では、自分は「宗教」に対してどのようなイメージをもち、他者はどのようなイメージをもっているのだろうか。また、そうしたイメージが何によって規定され、形成されてきたのだろうか。

第1節の【ワーク1】では、みずからの「宗教」イメージを対象化した。本節ではグループディスカッションを通じて、他者の「宗教」イメージを聞き、自分たちの「宗教」イメージの形成要因を話しあうことで、自分と宗教のかかわり、宗教と社会の関係を理解することにしよう。

グループディス
カッションの手順

4〜6人のグループを作る。最初にメンバーどうしで自己紹介をし、司会と書記を決める。司会はメンバーに発言を求めるとともに、議論の論点整理をしながら、グループで出た意見をまとめる。書記はグループで出た意見を書き留める。

具体的な手順として、最初に、各メンバーが【ワーク1】に記入した自分の「宗教」イメージを紹介する。全員が発言した後、なぜ、そのような「宗教」イメージを抱くようになったのか、その理由や背景を話しあう。話しあった結果を、グループごとに発表する。

4 問いなおされる「宗教」概念

「宗教」イメージの形成
に影響を与えるもの

グループディスカッションの結果、さまざまな「宗教」イメージが共有されたのではなかろうか。個々人が思い浮かべるイメージは、当然のことながら、千差万別である。「宗教」イメージの形成には自分の置かれた家庭環境や生育環境が大きな影響を与えてきたと推測できる。

また、たとえば、筆者のように京都に在住していることによる社会環境も、その形成要因のひとつに加えることができるだろう。

さらには、現代人の「宗教」イメージの形成に、テレビやインターネットなどのメディア環境の影響を見逃すわけにはいかないことは、第2節で述べたとおりである。

「宗教」とスピリ
チュアリティ

第１節で、現代日本ではヨガや気功といった「宗教的なもの」を実践する人たちも多いと指摘した。宗教的だけれども、宗教そのものでないもの。これらは「スピリチュアル」「スピリチュアリティ」と呼ばれる。1960年代後半以降に欧米諸国で用いられるようになった言葉である。「宗教」とは異なるニュアンスをもち、いのちや魂など、「見えない何かとのつながり」を示す言葉である（伊藤 2007、2021）。

　社会学者の伊藤雅之によれば、こうしたスピリチュアリティ文化が日本では1990年代後半以降、主流文化へ浸透し、教育、医療・社会福祉、健康、大衆文化にも拡散している（伊藤 2007）。その特徴として、固定的な組織や制度よりも、緩やかなネットワーク型のつながりや個々人の選択性が重視されているという（伊藤 2007）。

　すなわち、現代日本では「宗教的なもの」の影響も広がりを見せ、社会的・制度的な「宗教」と個人的・非制度的な「宗教的なもの」が併存し、場合によっては相互に影響を与えあいながら存立しているのである。

問いなおされる
「宗教」概念

じつは、日本語の「宗教」は、近代になってから用いられるようになった。「宗教」という言葉自体は前近代からあった。ただし、それは「仏教」（これも近代になってから用いられるようになった言葉で、それ以前は「仏法」「仏道」と呼ばれた）のそれぞれの宗派の教えを指す言葉だった（三枝 1990）。この「宗教」が英語の religion の訳語として転用され、現在の意味で用いられるようになったのである。

　近代以降、宗教を論じる場合、（柳川の「信仰のない宗教」をもじって言えば）明確な自覚や意識に基づく「信仰のある宗教」概念が用いられてきた。しかし、1990年代後半以降、こうした**「宗教」概念**は批判的に問いなおされるようになった。この問題について、宗教学者の磯前順一の研究（磯前 2003）を紹介したい。

　「宗教」という言葉は、明治初期に religion の訳語となったことをきっかけに、諸宗教を包括する意味をもつようになった。ただし、「宗教」に統一される以前の religion の訳語には、「宗旨」のようなプラクティス的な意味（儀礼のような非言語的な慣習行為）を強く含むものと、「教法」のようにビリーフ（教義・信条

表1-1　「宗教」概念の変化

	前近代	近代以降
「宗教」が指すもの	仏教の各宗派の教え	（包括的に）諸宗教
Religion の訳語（含意）	「宗旨」と「教法」の 2 つの系統があった。ただし，前者が一般的	「宗旨」を「教法」に統一した概念としての「宗教」

のような概念化された信念体系）を中心とするものの 2 つの系統があったという。神道や民俗信仰など、日本人の慣習的な宗教行動はまさにプラクティスに相当する。近代以前の日本ではプラクティス（practice）的な用法が一般的で、ビリーフ（belief）の意味での使用は知識人層に限られていたが、明治 10 年代に religion の訳語がビリーフの意味での「宗教」に統一されていったという（表 1-1）。

　さらに、西洋のレリジョン概念の中核には、キリスト教（とくにプロテスタンティズム）の影響があり、個人の信仰を基調とし、儀礼的要素を排したビリーフ中心主義の特徴があることを、磯前は指摘している（磯前 2003）。第 1 節でとりあげたデュルケムの「宗教」定義にもこうしたキリスト教的イメージが反映されているのである。

　以上から、私たちが用いている「宗教」という言葉はもともと翻訳語であり、西洋的な「信仰のある宗教」イメージが含まれていることにも注意を払う必要がある。

ワーク2

　グループディスカッションを行った結果、あなたのグループでまとまった意見のポイント（要点）と、それに対するあなたの見解を書こう。

キーワード

「信仰のない宗教」

　宗教学者の柳川啓一が『現代日本人の宗教』(法藏館、1991年）で提起した言葉。柳川は本書で「宗教のない信仰」と「信仰のない宗教」という2つの立場を紹介する。前者は日本の無教会主義のように、教団、教義、儀式に縛られない信仰のこと。後者は、初詣や祭り、民間信仰のような特定の信仰箇条をもたない宗教のこと。柳川は「信仰のない宗教」に日本の宗教伝統をみている。ただし、これは日本だけのものではないという。

宗教情報リテラシー

　テレビやインターネットなどを通じて流通する宗教情報に対して、メディア・リテラシーを発揮すること。すなわち、宗教情報を批判的に吟味し、自律的に読解・発信する作業や、それを支えるスキルや能力のことを意味する。誰もが情報の送り手になれるほど、メディア環境が発達している現在、宗教情報リテラシーの重要性はますます高まるだろう。

「宗教」概念

　現代の私たちが用いている「宗教」概念や、本書が依拠している「宗教学」の成立をめぐる議論は、もともと欧米を中心に研究が行われてきた。そうした研究の流れを踏まえ、近代日本の「宗教」や「宗教学」の成立を問いなおす研究が1990年代後半以降に日本でも行われるようになった。山口輝臣、島薗進、磯前順一、星野靖二らによって貴重な成果がもたらされている。

ブックガイド

阿満利麿『日本人はなぜ無宗教なのか』ちくま新書、1996年

　日本人は本当に無宗教なのかを問いなおした本。筆者は「創唱宗教」と「自然宗教」という類型を提言する。特定の人物が創始した前者に対して、自然発生的な後者が日本人の宗教性の特徴であると述べ、日本人が無宗教ではないことを明快に論じている。

岡本亮輔『宗教と日本人──葬式仏教からスピリチュアル文化まで』中公新書、2021年

　宗教と日本人の複雑な関係性を明らかにした最新の成果。宗教を信仰・実践・所属の三要素に分解し、個人を中心とした現象に注目することで、信仰と組織を重視する従来の宗教論からの脱却を図る。「信仰なき実践」や「信仰なき所属」に現代日本人の宗教性の特徴を見出している。

磯前順一『近代日本の宗教言説とその系譜──宗教・国家・神道』岩波書店、2003年

　近代日本における「宗教」概念の誕生、「宗教学」や「神道学」の成立をめぐる諸問題を言説分析の視点によって考察した専門書。日本における宗教的言説のあり方とその力学的関係を問いなおしており、難しい専門書だが、ぜひ、チャレンジしてほしい。

第 **2** 章

お寺や神社、教会はどういう場所なのか？
—— 過疎、人口減少社会、ソーシャル・キャピタル

板井正斉

- 現代日本社会にはさまざまな宗教施設が存在することを学ぶ。
- 人口減少や少子高齢化、過疎問題と宗教施設の関連を把握する。

到達点

- 宗教施設の数や種類を把握する。
- 人口減少や少子高齢化、過疎という問題に宗教施設が直面していることを理解する。
- 宗教施設が檀家や氏子、信者に限定されない公共性をもつことを認識する。

1 地域には多様な宗教施設がある

　図2-1を見てみよう。この図は、東京駅や皇居を中心とした地図上に、神社・寺院・キリスト教会・その他宗教施設を表示したものである（「未来共生災害救援マップ」（災救マップ））。あなたは、大都市東京に、これほど多くの宗教施設があることを知っていただろうか？

　次に図2-2を見てみよう。こちらは伊勢湾の湾口部に浮かぶ神島という人口300人（2024年2月現在）ほどの小さな離島である。島の北側の集落には神社とお寺が1か所ずつある。

　このように日本中、どこを訪れても存在する神社やお寺だが、最近これらの宗教施設の維持が困難になってきている。その背景には地域の少子高齢化や過

図2-1　東京中心部の宗教施設　　図2-2　三重県鳥羽市神島の宗教施設
（それぞれ，大阪大学・地域情報共創センター（2023）より作成）

疎化がある。地域社会をとりまく課題から、あらためて神社やお寺、教会の役
割を考えてみよう。

ワーク1

　「未来共生災害救援マップ」にアクセスし、関心のある地域を1
つ選び、宗教施設（神社・寺院・キリスト教会・その他宗教施設）を画面
上に表示させよう。適当な範囲で選択した地域にはどんな宗教施設が何か所
あるか数えてみよう。

2　宗教施設と地域社会の現状と課題

|宗教施設の数|

　　　　　　　ここでは、日本国内の宗教施設の数と種類を紹介し
よう。表2-1によると、「宗教団体（宗教法人を含む）」
の総数 210,380 のうち、神社 80,709、寺院 76,634、教会 28,119、布教所
18,006、その他 6,912 となっている。これは、『宗教年鑑　令和5年版』（文化庁
編 2023）における内訳である。宗教団体と宗教法人については第3章で詳細に
学ぶが、簡単に述べると神社・寺院や教会といった実体（宗教施設）をともな
う団体を宗教団体とし、それらに法人格を付与したのが宗教法人である。した
がって、表2-1下欄の宗教法人（包括宗教法人を除く単位宗教法人。詳しくは第3章

表 2 - 1　全国社寺教会等　宗教団体数・単位宗教法人数（文化庁編 2023）

	系統	神社	寺院	教会	布教所	その他	計
宗教団体 （宗教法人を 含む）	神道系	80,624	17	4,801	800	605	86,847
	仏教系	22	76,563	1,838	1,655	4,435	84,513
	キリスト教系	–	4	7,099	629	766	8,498
	諸教	63	50	14,381	14,922	1,106	30,522
	総数	80,709	76,634	28,119	18,006	6,912	210,380
宗教法人	神道系	80,530	14	3,304	137	221	84,206
	仏教系	20	75,306	898	91	386	76,701
	キリスト教系	–	–	4,019	5	749	4,773
	諸教	58	50	12,798	41	319	13,266
	総数	80,608	75,370	21,019	274	1,675	178,946

参照）の総数 178,946 法人に対して、上欄の宗教団体の総数が上回っているのは、1 つの宗教法人で複数の神社・お寺、教会などを有しているからである。

宗教施設の種類　　　　　宗教施設の種類を整理しよう。一般的に神社とは、日本古来の神を祀り、恒例の祭りや祈願を行う。また寺院とは、礼拝対象として仏像などの本尊を安置し、僧尼が居住して修行を行い、教えを説く道場である。さらに教会とは、キリスト教を信仰する人びとの共同体であり、礼拝祭儀を行う空間を指す。それでは神社＝神道、寺院＝仏教、教会＝キリスト教か、というとそうではない。

『宗教年鑑　令和 5 年版』の分類では、「神社、寺院、教会とは、それぞれ神社、寺院、教会の名称をもつもの」（文化庁編 2023）と説明されている。つまり、表 2 - 1 のとおり、神社は神道系を中心としながらも仏教系、諸教の宗教施設を含み、一概に〇〇神社や△△寺院という名称だけではその系統（神道系・仏教系など）を特定できない。このように複雑な組みあわせは、宗教施設がその地に存在することとなった歴史的経緯によるところが大きい。

宗教施設をめぐる　　　　神社・お寺や教会は、それぞれ氏子・檀家・信者な
地域社会の変動　　　　どと呼ばれる地域集団によって支えられている。これを宗教ネットワークと呼んでおこう。伝統的な地域社会（コミュニティ）においては、氏子や宮座、あるいは檀家や講といった多様な宗教ネットワークが重層

的に存在しており、その地域の社会構造と緊密に連動してきた。

　しかしながら、戦後日本の地域社会は、1950 年代後半以降の高度経済成長による産業化・都市化によって地方から都市への人口流出を生み、家族形態も核家族化した。さらに少子高齢化もともなって日本は 2005 年以降、**人口減少社会**を迎えた。とりわけ地方においては過疎化が顕在化し、1990 年頃より「限界集落」論が登場する。限界集落とは、人口の 50 ％以上が 65 歳以上となって地域社会の基本的な共同生活機能が困難になる集落をいう（大野 2008）。

　限界集落化は、地域の宗教施設を支える宗教ネットワークにも見逃せない影響を与えており、「限界〈寺院・神社・教会〉」という概念も登場した。これは、「教師（住職、神職、牧師）や信徒の高齢化、および担い手不足のために宗教団体の存続と活動が危機にさらされているような宗教施設」をさす（櫻井 2012）。さらに、2014 年に民間研究機関である日本創成会議が、全国の 49.8 ％に当たる 896 市区町村を 2040 年までに消滅する可能性のある「消滅可能性都市」と推測したことから（増田編 2014）、同年までに約 35 ％の宗教法人が「限界宗教法人」として消滅する可能性も算出されている（石井 2015）。

ソーシャル・キャピタルとしての宗教施設

　地方の宗教施設をめぐる課題の一方で、宗教施設が地域社会のつながりをあらためて創出できる「ソーシャル・キャピタルの源泉」であるとする指摘にも注目してみよう（稲場・櫻井編 2009 など）。**ソーシャル・キャピタル**（社会関係資本）とは、「人々の協調行動を活発にすることによって社会の効率性を高めることのできる、「信頼」「規範」「ネットワーク」といった社会組織の特徴」と定義され（パットナム 2001）、地域社会のつながりを再構築するために重要とされる（内閣府国民生活局編 2003）。日本における宗教とソーシャル・キャピタル研究は 2010 年前後より、利他主義や、宗教の社会貢献、宗教の社会事業（福祉）などの研究テーマと連続してはじまった（稲場・櫻井編 2009）。多岐にわたる視点のなかでも、地域社会の課題解決に役割を果たす宗教施設のソーシャル・キャピタルは、伝統的な寺社を支える地縁的宗教ネットワークを維持しつつ、既存の枠を超えて新たなつながりを創出する点に可能性を見出せそうだ（大谷・藤本編 2012）。

　たとえば、広井良典は全国の宗教的空間を社会資源として活かすことを「鎮

守の森・お寺・福祉環境ネットワーク」と称して提唱している。その具体的な事例として、境内にある自治会集会場での子育て支援（プレイセンター）や、境内でのコンサートや民話の語りを行う神社、まちづくりや環境教育を行うNPOなどに境内を開放する寺院などがある（広井 2005）。

3　未来の宗教施設を創造するポスターセッション

<u>テーマと手法</u>　グループで「こんなお寺（あるいは神社・教会）が未来にあったらいいな」を想像しあいながらポスターにまとめる。未来については具体的な年数を決めるのもよい（20年後、50年後など）。

<u>ねらい</u>　このワークのねらいは、「地域社会における宗教施設をリ・デザインすること」である。宗教施設と地域社会との関係性を重視しながら、あらためて理想の宗教施設のあり方について考える。「これまで（過去）」にとらわれず、思考をあえて「これから（未来）」へシフトすることで、自由な発想で地域社会における宗教施設の役割を豊かに創造してみよう。その際に、個人の理想にとどまらず、グループで合意形成することの意味も体験的に理解してほしい。

<u>ポスターセッションの手順</u>　4～6人ほどのグループを作る。メンバーどうしで自己紹介をし、司会を決める。設定については、「地方都市の新興住宅地で旧住民の檀家が減少しているお寺の10年後」など、大学等の所在に即してもよい。

　まず、それぞれで考える理想のお寺について、キーワードを付箋に3つ書き出す。書き出したキーワードについて、1人ずつそれがなぜ理想なのか説明しながらグループで共有する。その後、それぞれの意見を尊重しながら、出されたキーワードの分類・整理を行う。

　次にグループで共有したキーワードをもとに、理想のお寺のイメージを模造紙に表現する。その際、①ネーミング、②コンセプト、③地域との関係につい

てもわかりやすく説明を添える。ポスターを完成させた後、教室に全グループ分を並べ、全員で閲覧をしながらそれぞれが気になるポスターにコメントを書き込む（付箋でもよい）。

4　宗教施設は地域のつながりを再構築できるか

ソーシャル・キャピタルへの期待と課題

　【ワーク1】やポスターセッションを通して、宗教施設と地域社会との密接な関係性をあらためて理解できたのではないだろうか。さらに、ポスターセッションで挙げられたアイデアのなかに、地域社会をめぐる少子高齢化や過疎化にともなう課題を解決するカギや、ソーシャル・キャピタルとしての可能性が含まれていたと思われる。これらを前向きな期待としながらも、すべての課題をソーシャル・キャピタルで解決できるわけではないことも認識しておきたい。

　そもそも無信仰・無宗教と自覚する人びとが7割を占める日本（第1章参照）において、先行的に欧米で実証されてきた宗教とソーシャル・キャピタルとの相関（礼拝出席などの宗教参加が市民活動への参加につながるなど）がそのまま当てはまるとは考えにくいからだ。地域社会との関係を考えると、宗教施設がいわゆる宗教色を強く前面に出すことへの違和感もあるだろう。たとえば、第3章で触れる宗教団体の社会貢献活動について、日本人の間で認知度は低く、期待もさほどされていないという実情も含めて冷静に検討する必要がある（公益財団法人庭野平和財団 2017）。

「控えめなソーシャル・キャピタル」

　どうやら、われわれは宗教施設の日本的なソーシャル・キャピタルを模索しているといえるかもしれない。とりわけ長い時間をかけ地域社会に根づいてきた寺社や教会であれば、その歴史的文化的な蓄積をも踏まえた視点を求められているのだろう（板井 2011）。

　筆者は近年、地域活性化や地方創生といったムーブメントを背景に、地域住民とこれからの地域社会のあり方を考えあう場にかかわっている。そこでよく地域の「魅力（お宝）」を再発見するために、住民や学生などとまち歩き・むら歩きを行う。歩きながらそれぞれの思い出や知識を全員で共有していく過程は

純粋に楽しい。歩く前は、「この町にはなんにもない」とか「自慢できるような場所があるかしら」などとやや否定的な言葉も出てくるが、歩きはじめると、めいめいに語られる物語の豊かさに一緒に歩く学生とともに聞き入ってしまう。その一方で、学生の素朴な疑問や感動をきっかけに、地域住民があらためてまちやむらの魅力を実感したりすることもある。

　そのような過程を経て出しあった地域の「魅力（お宝）」を丁寧に見ると、そのなかに、地域の神社やお寺、あるいは教会といった宗教施設はもちろんのこと、そこにまつわる行事や、それらを支える人びとの思いなどが含まれていることに気づく。誰も思いつかないような新しい事実ではないのだけれども、まち歩き・むら歩きの過程を経ることで、まるで記憶に埋め込まれた「魅力（お宝）」がよみがえってくるようだ。その一つひとつを成り立たせている宗教施設をめぐる場所や人びとのつながりの魅力は、まさに「控えめなソーシャル・キャピタル」（櫻井 2014）といえるだろう。

　この「控えめなソーシャル・キャピタル」は、地域社会のあらゆる場所に埋め込まれていて、いつもどおりの目線では見えにくいというのが特徴だ。まさに、ポスターセッションで考えあったように、あるいはまち歩き・むら歩きで語りあったように、地域住民の内なる目のみならず、学生をはじめ外なる目で見つめることで（あるいは五感を使うことで）それは浮かび上がってくる。そして、もっとも大切なのは、その過程にかかわることで、地域住民も学生も宗教施設という地域資源を媒介とした「つながり」をあらためて実感できるという点だ。

　「現代宗教は、宗教者や宗教団体がサバイバルできればよしとするのではなく、社会とともに在るために何をなしていくのか、積極的な発言と実践の内実が問われる時代」（櫻井 2016）といわれるなかで、われわれの身近にある神社やお寺や教会を今一度、それぞれの目線から見なおしてみる必要がある。

ワーク2

　ポスターセッションを行った結果、あなたのグループでまとまった理想の宗教施設のポイント（要点）と、それに対するあなたの見解を書き出そう。

キーワード

過疎

　　地方から都市への人口移動や少子高齢化などにより、地域社会の基礎的生活条件の確保にも支障をきたす状態。1970 年の過疎地域対策緊急措置法以降、2021 年の過疎地域の持続的発展の支援に関する特別措置法に至るまで、5 次にわたり議員立法による過疎対策のための法律が制定されている。

人口減少社会

　　出生数を死亡数が継続的に上回り、全体の人口が減少していく社会。日本では、2005 年の国勢調査において人口減少が初めて指摘され、2008 年以降、前年比人口が減少しつづけており、本格的な人口減少社会に入ったとされる。

ソーシャル・キャピタル（社会関係資本）

　　内閣府の都道府県別調査によれば、ボランティア活動の活発な地域は、他の地域と比べて、犯罪発生率や失業率が概して低く、出生率は高いといった傾向がある。このことから、ボランティア活動や市民活動を通じたソーシャル・キャピタルの蓄積が、地域社会の活性化につながると期待されている（内閣府国民生活局編 2003）。

ブックガイド

秋田光彦『葬式をしない寺――大阪・應典院の挑戦』新潮新書、2011 年

　　「こんな寺、ありなのか？」。大阪都心にある「葬式をしない寺」「檀家不在の寺」でありながら、本堂の劇場型円形ホールは、演劇や現代アートなどの創作活動に励む若者でにぎわっている。そこには、伝統的な宗教ネットワークのみにこだわらず、多様な現代の地域課題に積極的にかかわろうとする新しい地域寺院のあり方が提起されている。読みやすく刺激的な一冊。

大谷栄一・藤本頼生編『地域社会をつくる宗教』（叢書　宗教とソーシャル・キャピタル 2）明石書店、2012 年

　　宗教がもつソーシャル・キャピタル（社会関係資本）の可能性について、「地域社会」をテーマに、幅広いソーシャル・キャピタルの概念を網羅的にとらえつつ、宗教研究者・宗教者・市民活動者といった多様な視点から論じられている。本章の内容にかかわる具体的な事例が収められているので、興味のある事例から読んでほしい。

櫻井義秀・川又俊則編『人口減少社会と寺院――ソーシャル・キャピタルの視座から』法藏館、2016 年

　　「限界〈寺院・神社・教会〉」の現状と実態が、浄土宗・浄土真宗・日蓮宗・曹洞宗の宗勢調査や地域の実態調査から具体的に論じられている。日本仏教を成り立たせている先祖祭祀と檀家制度という仕組みそのものが、人口減少の影響を免れないことをどのように考えればよいのか。まずは取り上げられた事例から学んでみよう。

第 **3** 章

社会にとって宗教団体とはどんな存在か？
── 宗教法人法、政教分離、宗教団体の社会参加

大澤広嗣

学習のポイント

- 現代日本社会にどのような宗教団体がどれだけ存在するのかを学ぶ。
- 宗教団体に関する法律（戦前の宗教団体法、戦後の宗教法人法）と政教分離の原則を認識する。
- 宗教団体の社会参加とは何かを理解する。

到達点

- 現代日本には神道系、仏教系、キリスト教系、諸教に区別される宗教団体がどれだけ存在するかを知り、宗教法人という存在形態を知る。
- 宗教団体に関する法律の成立過程について学び、政教分離が意味することを理解する。
- 現在、宗教団体の社会参加活動がどのように行われ、それらがどのような意義をもっているのかを知る。

1 宗教団体と宗教法人

　第2章では、地域にあるお寺・神社・教会といった宗教施設について学んだ。これらは、共通の教えや目的で集まり、全国規模で活動する教派・宗派・教団などの包括団体に属していることが多い。たとえば、金光教、浄土宗、日本基督教団などの名称を聞いたことはないだろうか。

　個々の施設と包括団体を総称して、「宗教団体」という。日本にあるほとんどの宗教団体が、「**宗教法人法**」という法律に基づき宗教法人となっている。宗教法人になると、法的に安定して、永続的な宗教活動を進めることができる。

　ただし、この法律は、行政が宗教団体にお墨付きを与えるものではなく、宗教団体が法人になることのみを目的としたものである。宗教上の教義や活動などの宗教的な事項にはなんらかかわらない。

　宗教団体は、社会のなかで活動するため、信者以外の人びととの間で接点をもつことがある。社会のなかで、宗教団体はどのような存在か。そして、社会とどのようにかかわっているのだろうか？

ワーク1

　あなたの大学がある市区町村内の宗教施設から、公式のウェブサイト（SNSを含む）を開設している施設を、1か所探し出そう。そのウェブサイトから、施設の名称、属している包括団体（教派・宗派・教団）があればその名称、主な活動を調べて書いてみよう。

2 宗教団体（法人）にかかわる制度と分類

宗教法人の条件と種類

　私たちは、生まれながら「自然人」（人間）として、さまざまな法律上の権利を行使できる。しかし団体は、そのままでは法的な能力がない。そこで法律によって「法人」となることで、土地や建物を法人名義で所有することができ、世代交代しても安定して財産が維持できるようになるのである。

　宗教団体は、行政への届け出がなくても、誰でも設立できる。ただし、法人格がないと、さまざまな手続きが煩わしく、税制の優遇がない。そこで、円滑な宗教活動を行うために宗教法人となる。

　宗教法人とは、宗教法人法により法人格の認証を受けたものをいう。宗教法人になる要件は、教義を広め、儀式行事を行い、信者を教化育成して、礼拝施設を備える宗教団体であることである。つまり布教している実績と拠点があることが必須である。

　宗教法人には、大きく分けて2種類ある。第一は、包括宗教法人で、教派・宗派・教団にあたる宗教法人を指し、一例を挙げれば、神社本庁や真宗大谷派

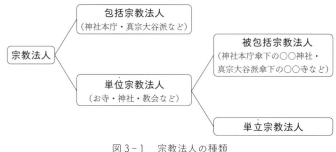

図3-1　宗教法人の種類

がこれにあたる。第二は、単位宗教法人で、お寺・神社・教会などを指す。単位宗教法人はさらに、神社本庁傘下の○○神社、真宗大谷派傘下の○○寺などの被包括宗教法人と、包括宗教法人に属さない単立宗教法人にわかれる（図3-1）。

『宗教年鑑』に
みる宗教団体　　　　　全国の宗教団体に関する各種データを報告したものが、文化庁が年1回発行する『宗教年鑑』である。構成は、第1部「日本の宗教の概要」、第2部「宗教統計」、第3部「宗教団体一覧」である。第2部は、宗教統計調査の結果をもとに、全国にある宗教団体および宗教法人、教師（神職、僧侶、神父、牧師など）、信者（氏子、檀信徒、会員など）の数などが記載されている。

　『宗教年鑑　令和5年版』によれば、日本における信者の総数は、2022年12月31日現在で、約1億6299万人とあり、日本の総人口を上回る数字である（文化庁編 2023）。これは宗教団体側から報告された信者数を合計したためであり、本人が帰属を意識しているかどうかは数値に反映されていない。また、居住する地域にある神社の氏子とされ、先祖の墓地がある寺院の檀信徒とも見なされて、場合によっては家ではなく個人の信仰でキリスト教会に属しているなど、二重、三重に数えられているためである。

　『宗教年鑑』では、神道系、仏教系、キリスト教系、諸教の4つの系統に分類され、それぞれの教派・宗派・教団の数は表3-1、信者の割合は図3-2のとおりである。諸教とは、神道・仏教・キリスト教とは違う教えをもつ団体、または諸宗教の教えが複合した団体で、ここには天理教、生長の家などが含ま

表3-1 教派・宗派・教団にあたる包括宗教法人および包括宗教団体数
（2022年12月31日現在）（文化庁編 2023）

	包括宗教法人 （文部科学大臣所轄）	包括宗教法人 （都道府県知事所轄）	包括宗教団体 （非法人）	計
神 道 系	120	6	25	151
仏 教 系	156	11	31	198
キリスト教系	66	7	14	87
諸 教	26	1	5	32
計	368	25	75	468

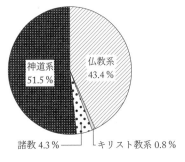

図3-2 日本の信者の割合
（2022年12月31日現在）
（文化庁編 2023）

れる。宗教学の用語では新宗教というが、『宗教年鑑』ではこの用語は用いられない。行政では、宗教団体の設立の新旧ではなく、教えの系統で区分しているからである。

宗教法人・宗教団体については、動画「2020年には宗教法人数が減少──宗教法人についての基礎知識」でも解説している（RIRCチャンネル 2022）。

 宗教法人法の基本的理念

宗教法人法は、全10章89条にわたる法律である。各章は、設立や管理運営、合併や解散、登記など、法人としての世俗的な事務にかかわる内容で構成される。

宗教法人法を性格づける基本的理念は、次の4点である。

第1に、信教の自由と**政教分離**の原則である。日本国憲法の第20条・第89条で、信教の自由と政教分離が保障されている。そのため同法は、個人や団体の宗教活動を制限するものであってはならず、行政が宗教上の事項について調停や干渉を行ってはならない。

第2に、聖・俗分離の原則である。宗教法人には、宗教的事項と世俗的事項の二面がある。宗教法人法は後者のみを規定した法律で、宗教活動にはまったく関与せず、法人格の事務手続きのみにかかわる。

第3に、自治の尊重と自律性への期待である。最大限に宗教活動の自由を保

障するため、自主的な運営が各々の宗教法人に委ねられている。

　第4に、性善説である。宗教は国民道徳の基礎であり、青少年の道徳意識の向上を果たすとされ、宗教法人は非法・違法の行為をしないという前提がある。

　　　宗教法制の歩み　　　宗教法人法の制定まで、さまざまな動きがあった。1899年12月の帝国議会で宗教法案が提出されたが、否決された。その後も、3度にわたり法制化が試みられたが、実現には至らなかった。

　1939年4月に「宗教団体法」（昭和14年法律第77号）が公布され、1940年4月から施行された。当時の大日本帝国憲法の第28条には信教の自由が記載されていたが、あくまで国家の治安を妨げない範囲で認められていた。よって、宗教団体法は、団体運営や教義に国が介入するという監督規程が強い法律であった。

　終戦後の1945年12月、新たに「宗教法人令」（昭和20年勅令第719号）が公布された。戦前への反省から、国による監督規程がなくなり、必要な要件を満たせば、届け出だけで宗教法人を設立することができるようになった。この時期に、伝統仏教からの分派や新宗教団体など、多くの宗教法人が成立したのであった。

　しかし、届け出だけで宗教法人ができたため、宗教者以外の者が税制優遇を目的として法人を設立する例が相次いだ。それを受けて1951年4月に、行政機関が法律に基づいて要件を確認するという認証制による、現行の「宗教法人法」（昭和26年法律第126号）が公布施行された。1995年3月に発生したオウム真理教による地下鉄サリン事件をひとつの契機として、同法は大きな改正がなされ、1996年9月に施行された。これにより、信者や利害関係者などに対する法人規則や役員名簿などの備えつけ書類の開示、財産目録や収支計算書の写しを所轄庁に提出することが義務付けられた。また複数の都道府県に建物を備えている宗教法人は、所轄庁が都道府県知事から文部科学大臣に変わった。

3 宗教団体の社会参加をめぐる相互インタビュー

テーマと手法 　現代日本で求められている**宗教団体の社会参加活動**とは何かを相互インタビューで明らかにしよう。宗教団体による積極的な社会へのかかわりを、「宗教の社会貢献活動」として肯定的に評価する研究者もいるが、ここでは、宗教団体と社会とのかかわりを客観的に見るために、「宗教団体の社会参加」としてとらえる。

ねらい 　私たちの周りには、お寺・神社・教会、教派・宗派・教団など、多くの宗教団体がある。これらの宗教団体は、信者以外の人びとに対して、さまざまな社会活動や福祉活動を行うことがある。たとえば、全国には宗教系の幼稚園や小中高校、大学などがあり、教育を担っている（第7章参照）。災害時における炊き出しや被災者支援、ホームレスの支援や自死対策にかかわる宗教者がいる。さらには、刑務所での教誨師、病院でのチャプレン、さまざまな現場で活動する臨床宗教師（⇨第15章キーワード）など、信者ではない人びとに心と魂のケアをする宗教者もいる。また一部の宗教団体では、政治進出をめざしている。

　このように宗教団体は、特定の信者だけではなく、広く社会の人びとに対する活動を行っている。インタビューを通してさまざまなケースを知り、身の回りにある事例を意識化するきっかけにしよう。

インタビューの手順 　2人1組になり互いにインタビューをしあおう。まず、聞き役（インタビューア）と話し役（インタビューイ）を決める。聞き手は話し手に、①自分が知っている宗教団体の社会参加は何かを聞き、②それらの活動がどのような意味や役割をもったのかを聞き出し、③今後、宗教団体が行ったらよいと思う社会参加活動を尋ねよう。その後、聞き手と話し手を入れかえて同じことをしよう。

　相互インタビューの終了後、ペアごとにインタビューの結果を報告しよう。

4 宗教団体は社会にどうかかわるか

日本宗教連盟

　宗教団体の社会参加の事例として、日本の宗教界の連合組織である公益財団法人日本宗教連盟（略称、日宗連）を取り上げよう。

　日宗連は、宗教界の戦争動員を目的に半官半民の組織として、1944年に設立された財団法人大日本戦時宗教報国会にはじまる。終戦直後の1945年に日本宗教会と改称した。政府の影響を脱して、1946年に日本宗教連盟となり、2012年に公益財団法人へと移行して現在に至っている。

　日宗連は、各宗教系統の5団体を協賛団体としている。その5団体は、①宗教法人神社本庁、②教派神道連合会（略称、教派連）、③公益財団法人全日本仏教会（略称、全仏）、④日本キリスト教連合会（略称、日キ連）、⑤公益財団法人新日本宗教団体連合会（略称、新宗連）である。これらの団体は緊密な提携のもと、相互に協力を行い、信教の自由の尊重と擁護、宗教文化の振興や交流に関する調査研究や普及啓発活動を行っている。また、法制や生命倫理に関するシンポジウムやセミナーを開き、甚大な災害や重大な事件が起きると内外に向けて声明を出してきた。

　なお、宗教団体のなかには、各系統の連合組織に未加盟のものがあり、たとえば創価学会や天理教などは、団体独自で社会に向けての取り組みを示している。

宗教系の公益法人

　宗教団体は、宗教法人として認証を受けるほかに、公益社団法人、公益財団法人、学校法人、社会福祉法人、特定非営利活動法人（NPO法人）など、公益目的で別法人を設立して、社会に向けて活動する場合がある。

　たとえば、宗教系の公益社団・財団法人には、どのようなものがあるだろうか。仏教系では、お寺を地域社会において活用するための支援を行う浄土宗ともいき財団、仏教を通して青少年を育成する全国青少年教化協議会、宿泊施設に仏教聖典を配布する仏教伝道協会などがある。キリスト教系では、ハンセン

病の療養所訪問を行う好善社、女性の人権向上に努める日本キリスト教婦人矯風会、教育・スポーツ・福祉・文化の諸活動を行う日本 YMCA 同盟と日本 YWCA などがある。

　その他にも、内外の宗教者間で対話を進める世界宗教者平和会議日本委員会（WCRP）、刑務所の収容者に宗教的なケアをする全国教誨師連盟、宗教者と研究者の協働で相互理解を進める国際宗教研究所などがある。

宗教団体の社会 参加とは何か？

仏教系の新宗教団体である立正佼成会の外郭団体として、1978 年に設立された公益財団法人庭野平和財団がある。この財団は世界のさまざまな宗教者で平和活動に貢献した人物への庭野平和賞の授与や平和活動を行う団体に対する活動費の助成、平和のための調査研究などの事業を行っている。

　同財団では、2017 年に『「宗教団体の社会貢献活動に関する調査」報告書』を公表した。調査は、全国 20 歳以上の男女 3,950 人を対象に 2016 年に実施されたもので、報告書では有効回答数 1,185 人（30.0 ％）の回答を分析している。調査では宗教団体の行う社会貢献活動の認知度とその評価、大規模災害時の宗教団体の活動について尋ねている。このなかから、2 つの調査結果を紹介しよう（表 3‐2、3‐3）。

表 3‐2　知っている宗教団体の社会貢献活動（複数回答）
（公益財団法人庭野平和財団　2017）

活動内容	認知度（％）
小学校，中学校，高等学校，大学，専門学校などの教育機関の経営	36.1
児童の福祉の増進に関する事業（保育所，幼稚園，児童養護施設など）	31.6
診療所，病院など医療機関の経営	20.5
災害時のボランティア活動	19.4
老人の扶助を目的とした事業（養護老人ホーム，特別養護老人ホームなど）	18.1
身体障害者更生施設などの経営，身体障害者の扶助を目的とした事業	13.7
民生委員，教誨師，篤志面接員，保護司などの活動	12.7
伝統文化，地域文化などの保存活動	11.2
海外の教育，医療等の援助活動	11.2
婦人保護施設の経営，困難な状況に置かれた女性の扶助を目的とした事業	9.2
自殺防止に関わる活動	8.5
緑化，温暖化の防止など環境に関する活動	7.2
その他	0.4
どれも知らない	39.4

表3-3　宗教団体の行う社会貢献活動の評価（単一回答）
（公益財団法人庭野平和財団 2017）

評価内容	評価の内訳(%)
たいへん立派な活動で，もっと活発に行ってほしい	23.9
宗教団体が勝手にやっていることで，やってもやらなくてもどちらでもかまわない	23.2
宗教団体がこのような社会活動を行っていたことを知らなかった	20.4
宗教団体がこうした活動を行うのは，宗教活動の一環として当然である	16.1
宗教団体がよい評判を得ようとしてやっていることで，やめた方がいい	4.8
その他	0.6
わからない	11.0

　表3-2、3-3ともに、宗教団体の行う社会貢献活動を知らなかったとの回答がもっとも多い。この結果は、宗教団体の善行をあまり報じないなど、メディアの発信する宗教情報に偏りがあることを示すと考えられる。あなたは調査結果について、どう思っただろうか。報告書はウェブ上に公開されているので、その内容を自分で見て、宗教と社会のかかわりについて考えてみよう。

ワーク2

　相互インタビューの結果について、相手と自分の見解を書き出そう。

キーワード

宗教法人法

　　宗教団体に、法人格を付与することを目的とした法律である。この法律に基づいて認証を受けば、宗教法人となる。法人としての管理運営に関する事務事項を定めたもので、宗教上の教義や活動をしばるものではない。

政教分離

　　政治権力と宗教団体を分離すること。日本国憲法では、厳格な政教分離が定められており、国や市区町村が、特定の宗教団体に特権を与えることや、みずから宗教的活動を行うことは禁止されている。宗教者の政治参加は、政教分離の違反に当たらず、認められる。

宗教団体の社会参加

　　宗教団体やそれに属す宗教者が、特定の信者のためだけではなく、広く社会に対しての関与や具体的な実践を行うこと。社会福祉、学校教育、ボランティア、環境保護など内容は多岐にわたる。また、特定の宗教団体を母体として政党活動をする場合もある。

ブックガイド

文化庁編『宗教年鑑』文化庁、毎年発行

　　日本における宗教団体数、宗教法人数、教師、信者の数、文部科学大臣所轄の宗教法人の一覧などが掲載されている。文化庁のウェブサイトから見ることができる。
http://www.bunka.go.jp/tokei_hakusho_shuppan/hakusho_nenjihokokusho/shukyo_nenkan/

石井研士『データブック現代日本人の宗教（増補改訂版）』新曜社、2007 年

　　宗教団体や新聞社、研究機関などが実施した各種の調査結果をもとに、日本人の宗教意識と宗教行動を実証的に説明したもの。本書に掲載された諸調査は、その後も継続して行われているので、近刊の報告書や調査実施者が運営するウェブサイトから、最新の結果数値を探し出すとよい。

稲場圭信・櫻井義秀編『社会貢献する宗教』世界思想社、2009 年

　　社会問題と向かいあう宗教団体と宗教者に焦点を当てて、彼らをめぐる社会的条件や社会関係資本（ソーシャル・キャピタル）としての宗教の可能性について分析している。続編に、櫻井義秀・稲場圭信責任編集『叢書　宗教とソーシャル・キャピタル』（全 4 巻、明石書店、2012 〜 2013 年）がある。

第II部

あなたの身近な
宗教体験を
分析しよう!

第 **4** 章

なぜ「成人式」を行うのだろうか？
—— 信仰、アイデンティティ、通過儀礼

相澤秀生

- 現代日本社会にどのような年中行事があるのかを学ぶ。
- 儀礼の種類を知る。
- 通過儀礼の構造を分析するための視点を習得する。

到達点

- 伝統的な年中行事のみならず、新たな年中行事があることも理解する。
- 年中行事を含めた儀礼の意味と機能を説明できる。
- 通過儀礼の構造分析をさまざまな儀礼の分析に応用できるようになる。

1 「宗教」「信仰」を態度からとらえる

　信仰をもたないという人が結婚式をキリスト教式で行い、葬儀は仏教式を選ぶというような行動は、いかに理解できるだろう。教義に対する信仰を重視する見方によれば、日本人の宗教は節操がないということになる（池上 2012）。

　だが、すでに第1章で見たように、日本は近代化を遂げていく際、教義に対する「信仰」を基調として「宗教」を概念化していったという経緯がある。信仰とはいったいなんだろうか。近年の調査では、多くの日本人が「宗教とは信じるもの」というイメージを共有していることがわかっている（相澤 2016）。しかし、信仰という一般名詞は、宗教概念の再考とともに研究が深められ、無

自覚な行動や感覚などについても信仰の枠組みに入ると見なされるようになってきた（磯前 2003、鶴岡 2004）。

　こうした観点に立ち、本章では、日本人と宗教との関係を行動の面から読み解く。そこで注目するのが、私たちが身近に体験している「儀礼」である。儀礼を体験することで、何がどのように変化するのだろうか。現代の日本で毎年1月第2月曜日の「成人の日」に、市区町村などの主催で開催される「成人式」との関係についても、儀礼の観点から探る。

　なお、民法の改正で、2022年4月より成人年齢が20歳から18歳に引き下げられたことを受け、成人式の名称や対象年齢の検討が各自治体で進められたが、18歳は高校生が多く進学・就職などで忙しいため、同年3月以前に成人とされていた20歳を、式の対象として維持するケースが大半だった。結果、「はたちの会」「はたちの集い」「はたちを祝う会」などに改称して実施されることになったが、本書では一連の行事を「成人式」と表記する。

ワーク1

　成人の日（や、帰省者の多いGW、お盆など）に自治体が開催する「成人式」は必要か、不要か、またその理由についても考えてみよう。

2 さまざまな儀礼

儀礼とは　　儀礼とは、宗教的な事象とのかかわりにおいて、一定の厳格なルールに則って行われる身体的・言語的な行為の体系のことであり、特定の社会集団で営まれる。儀礼はさまざまな基準にしたがって分類が可能である。以下では、人びとの生活状況に応じた分類の代表例を紹介しよう。

年中行事　　暦にしたがって、毎年特定の期間に行われるのが年中行事である。年中行事には、正月、小正月、節分、雛祭、彼岸、端午の節句、七夕、お盆（盂蘭盆）などがあり、五穀豊穣や身体

健全といった心願の成就を祈念してきた。いずれも生者を中心とした地域社会や家庭生活の安定を願うものが大半を占めるが、彼岸やお盆のように、先祖や身近な死者が死後、善処に落ち着くことを祈願するということも含まれ、これによって血縁関係者どうしの絆が深まることもある（先祖祭祀は第13章参照）。

　こうした年中行事は、日本の「伝統文化」とされているが、近年では国外発祥の行事であるバレンタインデーやイースター、ハロウィンやクリスマスが「新たな年中行事」として定着しつつある（石井 2020）。ただし、これらの行事は国外で本来行われていたものと異なるかたちで行われている。たとえば、クリスマスはキリストの生誕を祝すというよりは、身近な人と一緒に一日を過ごして結びつきを再確認することに重点があるし、ハロウィンは悪霊を祓い秋の収穫を祝うというよりは、仮装することで日常から解放されて、ひと時の歓喜を味わうために放縦を尽くすことに意義がある（これについては、「ハレとケ」という概念で分析が可能である。第5章参照）。

　伝統的な年中行事と新たな年中行事が異なる点は、人と人とのつながりだろう。前者が地縁や血縁を中心とした結びつきを深めるのに対し、後者はその範疇には収まらない友人や知人、恋人といった人たちとのつながりを強化する。新たな年中行事は、多様化した人間関係に対応する受け皿になっているのだ。

　他方、伝統的な年中行事も変貌を遂げた。かつては元旦に備えて、餅つきをして鏡餅を作り、若水（元旦に初めて汲む水）で作った供物を歳神（正月に家へ訪れる農耕の神、または先祖の魂）に供えたが、現在はあまり目にしない。節分では、各家庭でお面をつけて仮装した鬼に豆を投げつけ、災厄を祓うことが今日でも行われているが、これと並び、当年の縁起のよい方角を向いて声を出さずに恵方巻を食べて無病息災を祈願するという習俗が全国に拡大している。

状況儀礼（危機儀礼）

　年中行事が定期的な循環によって年ごとに行われるのに対し、社会生活における苦難に対して不定期に営まれ、平常の状態に回復させるために催されるのが状況儀礼である。危機儀礼ともいい、年中行事とは対照的な性格をもつ。日照り続きで不作が予期される際、全国各地で催される雨乞いや、地震・噴火などの自然災害や疫病の流行といった社会の不幸を祓うために行われる儀礼などが、その例である。近年では、

東日本大震災（2011 年）や御嶽山の噴火（2014 年）などにともなう鎮魂の儀礼や
コロナ禍の終息を祈願する儀礼が寺社を中心に行われた。

人生儀礼

　　　　　　　　　　　　　他方、冠婚葬祭のように人生の転機に行われる儀礼
を人生儀礼という。これによって、子どもから成年へ、
未婚者から既婚者へ、生者から死者へ、死者から先祖へというかたちで、当人
のカテゴリーや社会的役割など、存在のあり方が変化したことを、当人も周囲
の人びとも自覚することになる。つまり、儀礼によって自己の**アイデンティ
ティ**を、自身が所属している集団が要求する価値基準に同調させるのだ。

通過儀礼の 3 つの局面

　　　　　　　　　　　　　　フランスの文化人類学者 A. ファン＝ヘネップは、人
びとの社会的な生育段階に応じた人生儀礼を代表例と
して、正月や大晦日（おおみそか）の年中行事、世代交代の際に行われる即位式など、集団内
における身分や役割の獲得を滞りなく実現させるために行う儀礼を「**通過儀
礼**」と名づけた。

　ファン＝ヘネップによれば、通過儀礼には「分離」「過渡」「統合」という 3 つ
の局面があるという。すなわち、社会は部屋と廊下にわかれた家にたとえるこ
とができ、分離は部屋からの退出、過渡は廊下の移動、統合は新しい部屋に転
入することだというのである（ファン＝ヘネップ 2012）。

　通過儀礼の 3 つの局面が集約しているとされるのが、「成年儀礼（initiation）」、
つまり「大人の仲間入り」をする儀礼である。かつて日本では、試練が課され
る成年儀礼が盛んに行われていた。

　静岡県賀茂郡下多賀村（現熱海市）では、男子は 15 歳になると大晦日の夜、
下多賀神社にある若者宿へ「引受人」の付き添いで出向き、ここで開かれてい
る寄合で若者組に加入した（分離）。新規加入者には、翌朝までに全 15 条から
なる条目の暗唱、正月 2 日に舞う踊りの習得が課される。条目には挨拶・仕
事・夜警の仕方などが含まれており、新規加入者に大人としての自覚が促され
た（過渡）。正月 4 日には「名ビラキ」が若者宿で行われ、幼名から成人名へと
名前を変え、「一人前」になったことが公認された（統合）（高橋 2007、宮前 2014）。

儀礼による擬死再生　大人になるために、過渡という非日常の段階において、義務や試練を経験するというのは、世界各地でも普遍的に見ることができる。遊園地のアトラクションとしてお馴染みのバンジージャンプは、もともとオーストラリア大陸の東にあるバヌアツ共和国の成年儀礼である。両足には、伸張性のない蔦を結び、数十メートルの櫓から命がけで身を投げ、その勇気を認められることによって大人の仲間入りをする。バヌアツのバンジージャンプについては、右の動画も参照してみよう（キロックムービー 2009）。

　過渡の段階を経て、古き自分は死し、新しき自己に生まれ変わる。このような成年儀礼に「擬死再生」という象徴的な宗教性を見出したのが、ルーマニア出身の宗教学者 M. エリアーデである（エリアーデ 1971）。

3　「成人式」は必要かどうかをめぐるディベート

テーマと手法　第 1 節の【ワーク 1】で記入した「成人式は必要と思うかどうか」を題材として、ディベートを行い、成人式の問題点を抽出する。

ねらい　儀礼は宗教の領域、儀式（イベント）は世俗の領域に入り、自身は儀式＝世俗的イベントに参加しているだけで、儀礼＝宗教と無関係だと考える人は少なくない。そこで、大学生にとって身近な成人式を例にとり、自身と宗教とのかかわりを、自覚的かつ客観的に考えるきっかけとする。

ディベートの手順　まず、「成人式は必要」と考える肯定派、「成人式は不要」と考える否定派の 2 グループにわかれる。

　次に、その 2 グループから、できるだけ偏りなく肯定派、否定派を含む 5 〜 6 人のグループを作り、自己紹介を行ったのち、司会 1 人を決める。

　司会のもと、肯定派 1 人と否定派 1 人の討論者を決め、討論者は儀礼の意義を考慮しつつ、交互に自分の意見を 3 分間述べる（司会はタイムキーパーを兼ねる）。

それ以外のメンバーは採点役に回り、それぞれの意見を聞く。

　最後に3分間の質疑応答の時間を設け討論する（採点役も質疑を行うこと）。

　質疑応答後、採点役が討論者に対して、それぞれ評価を行う。①論理性、②説得性、③対応性、④プレゼンテーション能力を、各5点（計20点満点）で採点し、結果を司会に口頭で伝える。司会が集計し、勝敗を決定する（同点の場合は、司会が勝者を判断する）。

　勝敗決定後、別の討論者どうしで、同様のディベートを行う（可能であれば司会と討論者を交代してもう1回ディベートを繰り返す）。ディベート終了後、各グループで肯定派・否定派のどちらが勝利したのか、どのような点が勝敗をわけたのか、各司会がディベートの内容をクラス全体に報告し、意見を共有する。

4　儀礼は無用の長物か？

通過儀礼になっていない成人式　現代の成年儀礼といえば、「成人の日」に開催される成人式を想定するだろう。「国民の祝日に関する法律」は、「成人の日」を「おとなになったことを自覚し、みずから生き抜こうとする青年を祝いはげます」日としているが、肝心の「おとな」の基準は定かでない。

　現代の成人式の前身は、第二次世界大戦後間もなく全国各地で行われた「成年式」にあるとされる。1947年に長野県下伊那郡松尾村（現飯田市）で行われた成年式の式次第は、現代の成人式とほぼ同じだが、氏神参拝があり、宗教的な要素を残している。こうした成年式は、成人式と同様、満20歳が基準だった。それは戦前の日本で、徴兵検査が満20歳で行われたことの名残である。戦前には、徴兵検査を済ませて一人前という考え方が浸透しており、この考え方をもとに成年式が開催されていた（宮前 2014）。

　かくして、当人の意思とは無関係に、年齢によって自動的に大人とされ、成人式を迎える。そこで大人としての自覚や自立心が芽生えればよいが、株式会社オーネットが2015年1月に成人式を迎える全国の独身男女600人（1994年4月2日〜1995年4月1日生まれ）に実施した調査によると、74.0％が「自分をおとなだと思っていない」と回答した。その理由については、「経済的に自立し

ていないから」が 24.8％でもっとも割合が高く、「精神的に自立していないから」(21.8％)、「まだ学生だから」(16.4％) も 2 割程度で、相対的に割合が高い（オーネット　2015）。

　現代の成人式では、試練を課されることはなく、大人の仲間入りをしたかどうかは、当人の自覚はおろか、周囲の人たちの認識も危うい。ここには、成年儀礼に見られる擬死再生という象徴性のかけらもない。現代の成人式は、通過儀礼の役割を果たしているとはいいがたく、宗教性を見出すのも困難だ。

孤立から抜け出すには

　儀礼はルールに即して厳格に行われ、個人を集団のあるべき世界に結びつけるという力学が働く。家族や地域といったしがらみに縛られず、自由を満喫したい若者にとって、試練や義務を課せられる成年儀礼は、精神や肉体を抑圧する無用の長物でしかない。

　だが、人口の流動性が高まり、少子高齢化が顕著な現代の日本において、地縁・血縁的共同体のつながりは弱体化し、個人の孤立化が深まっている。それに輪をかけて、自己のあるべき世界は、すべて自己責任で決定するという考え方が蔓延して久しい。しかし、自己のあり方を独力で決定し、身の置き所を築くことのできる強い意志を備えた人は、どれだけいるのだろうか。

　自分自身のあり方を見失いがちな個人に対して、その進むべき道に光を照らすもののひとつが儀礼である。儀礼は家族や親戚のみならず、友人や知人とのつながりを確認する機会となり、個人が学校や会社といったより大きな集団と適度な関係を築けるように調節してくれる。そのような意味で、さまざまな儀礼に身を委ね、自分自身がどのような世界に存在しているのかを体験するのもよい。孤立せずに生きていくための知恵に触れる貴重な体験になるだろう。

ワーク2

　ディベートの論点を簡潔にまとめよう。また、「大人の仲間入り」をするための儀礼が必要かどうかを考え、必要な場合は具体案を、不要な場合はその理由を詳しく書いてみよう。

キーワード

信仰

　宗教教団の核心をなすものが信仰、すなわち教義を信じることである。しかしそれを信じていないからといって、宗教とのかかわりが途絶えているわけではない。信仰という一般名詞も「宗教」概念の見直しとともに研究が深められ、近年は広く緩やかな意味で用いられている。

アイデンティティ

　自己同一性などと訳され、自分らしさに対する認識を指す概念である。ただしそれは、個人をとりまく社会と無関係ではない。かつて地域社会で「大人」として認められるには、「一人前」という基準をクリアする必要があり、それは個人の年齢や労働力、成年儀礼の経験などによって判断された。

通過儀礼

　A. ファン＝ヘネップが、1909 年に出版した著書で初めて用いた用語。日本では主として人生儀礼に通過儀礼の概念が使用されるが、その適用範囲は広く、ファン＝ヘネップ自身は儀礼全般にこの概念を適用した。

ブックガイド

石井研士『日本人の一年と一生——変わりゆく日本人の心性〈改訂新版〉』春秋社、2020 年

　年中行事と人生儀礼の過去と現在を比較することによって、日本人の心性の変化を読み解いた書籍。何が日本の「伝統」なのか。本書を手がかりに考えてみるのもおもしろいだろう。

谷口貢・板橋春夫編『日本人の一生——通過儀礼の民俗学』八千代出版、2014 年

　これまで人生儀礼については、民俗学が研究をリードしてきた。本書はそうした研究の蓄積をもとに、人が生まれてから死ぬまでに行われる儀礼の歴史を、順を追って解説した入門書である。出産、育児、成人、結婚、老い、葬祭など、12 のテーマで構成されている。

ファン＝ヘネップ、A.『通過儀礼』綾部恒雄・綾部裕子訳、岩波文庫、2012 年

　儀礼を通過儀礼という視点で初めて体系的に論じた名著。ファン＝ヘネップは事例研究の分析に終始したことから、アームチェアの学問と批判されたり、あらゆる儀礼を通過儀礼ととらえる主観的な傾向が見られたりするが、世界各地の儀礼に普遍的な役割を見出した視点の鋭さには学ぶところが多い。

第 **5** 章

お祭りにはどんな意味がある？
── 祭祀、祝祭、コミュニティ文化

藤本頼生

学習のポイント

✔現代日本ではさまざまな祭りが行われていることを知る。
✔祭りを成り立たせている要素を学ぶ。
✔祭りを分析するための視点を習得する。

到達点

✔現在、地域限定の伝統的な祭り以外に、全国化した祭りや地域おこしのために新たに作
　られた祭りがあることを認識する。
✔祭りが祭祀（祭儀）と祝祭という要素から成立していることを認識し、祭りの特徴を把
　握する。
✔祭りの構造分析をさまざまな祭りの分析に応用できるようになる。

1　多種多様な「祭り」

　「日本は祭りの国」とも呼ばれるほどに、四季折々に数多くの祭りが存在し、
神社の祭りだけでも約30万件におよぶという調査結果もある（神社本庁
編 1995）。また「ひな祭り」や「七夕」など、季節に応じた「祭り」も存在する。
あるいは七五三や「成人式」など、人の一生のなかで祝いの節目となる儀式も
一種の祭事とされている（第4章参照）。さらに日々の暮らしのなかで神棚や仏
壇などに対して礼拝する行為を「先祖祭祀」と称している（第13章参照）。そも
そも「祭り」とは、いったいなんなのだろうか。

　宗教学者の薗田稔は、「祭と名づけられても「祭」でないものもあり、祭といわれなくとも十分に「祭」であるものもある」(薗田 1973) と述べたように、祭りを端的に説明するのは難しい。「祭り」が、古くから人びとの暮らしのなかで親しまれてきたものであるがゆえに、近年では「祭り」と称した神なき多種多様なイベント、行事が出現している。そのため現代では、「祭り」そのものの本質がわかりにくくなっているという指摘もある（原田 2004）。

　そこで本章では、主に神社の祭りを通じて、「祭り」の意味や構造をともに考えてみたい。

ワーク1

① 「祭り」「祭」と名前に付くものにはどんなものがあるだろうか。祭りの名称を5個ぐらい挙げてみよう。
② 「祭りの魅力」「祭りとイベントの共通性」について、自分の考えを記してみよう。

2 「祭り」の語義と構造を考える

祭りの語義

「祭り」の語義について、本章では3つの説を紹介しておきたい。

　1つ目は、「たてまつる（献る、奉る）」を語源とする説である。8世紀初頭に記された『古事記』の崇神天皇の段では、楯や矛、幣帛を神にたてまつることを「まつる」と記している。江戸期の国学者である本居宣長は『古事記伝』において、崇神天皇の段を引用して、「祭りは奉なり」と述べ、神に供えものを献上することが「祭り」であるとした。一方で、本居宣長は『古事記』の崇神天皇の段には「神に祭る」ではなく、社を定めて「神を祭る」という意もあることから、「祭り」には神の住まう社を定め、その場所に恒久的な祭場を設ける意味もあると指摘している。

　2つ目は、「まつ」を語源とする説である。「祭り」とは、神が降り来ることを待ちのぞみ、迎えるもので、神にさまざまなものを献げて、おもてなしをし、

神に仕えることを指すという考え方である。江戸期の国学者である谷川士清の
『和訓栞』には「まつり」と「まつ」「まち」が同じ語根であることが記され
ており、明治生まれの国文学者折口信夫も「まつ」を語根として変化させると
「まつる」、「またす」という2つの語ができ、「「まつる」は神意を宣ることで
あり、「またす」が神意を伝宣し、具象せしめにやること」であると説いた（折
口 1975）。一方で、国語学からは、「待つる」の「る」について文法上の説明が
できず、「待つ」の語のアクセントからも「まつ」語源説が成立しないとの見
方もある。

　3つ目は、神に服従し、物を差し上げて「仕え奉る」という意での「奉仕事
（まつりごと）」である「まつらふ」に由来するという説である。これは、神に
〜を献る（たてまつる）という意の「奉る（まつる）」の未然形に、継続を表す助
動詞「ふ」がついたという「まつらふ」の語の成り立ちと関連している。

　これら3つの説から考えあわせれば、神に仕えて供え物をたてまつり、神の
神意を伝宣するために行う儀式が「祭り」ということになろうが、学説には異
論もある。そこで、さらに祭りの主体と構造からも考えてみたい。

祭りの主体

「祭り」を行う主体として、「まつる者」と「まつら
れる者」がある。たとえば、古代では、律令制のもと
で朝廷に神祇官がおかれて神社の神事を掌ったが、この場合、「まつる者」が
国家ということになり、「まつられる者」が神社の神々ということになる。こ
のように、まつる者が何かによって、祭りそのものに社会的、公共的なものか、
個人的なものかという、公私の両面の意義が想定されることになる。

　また、神道では、まつる者（神に仕える者）に、「斎戒」と呼ばれる「つつしみ」
の期間が設けられ、祭りの場における禁忌を守ることが大事であるとされてい
る。つまり、祭りにのぞむ際の生活そのものにおいて心身を清め、真心をもっ
て祭りに仕えることが求められている。これは、神へ奉仕する者が祭りに専念
できるようにするプロセスのひとつであるとも考えられよう。

祭りの構造

「祭り（祭祀）」とは、広義には、集団や個人がおの
おのの崇め敬う神に対する行為であるが、「組織を持

つた集団が、祭日や祭場を定め、様式も、一定の約束を以つて行ふもの」と民俗学者の西角井正慶（1957）が説くように、通常、「祭り」は一定の集団性、規則性をもつ。

　この点を神社の祭りを例に挙げて考えると、①神を迎え、②神をもてなし、③神を送る、という３点が基本的な構造となる。とくに、神職が身を清めて神を迎え、供え物をたてまつり、祝詞を奏し、あわせて神をもてなし神へ奉納する音楽・舞踊にあたる神楽や芸能を演じるという「神祭り」の行為を「祭祀（祭儀）」と称する。そして「氏子」と呼ばれる神社の鎮まる地域の住民らが中心となって神輿や山車を出して、芸能の奉納を行うなどして、人びとが神の来臨を祝い、神を喜ばせる行為を「風流」「神賑い」「付祭」などと称する。

　この神祭りと神賑いの部分の両者をあわせて「祭礼」と称する。この両者を行うのは、神社では「例祭（大祭）」と称するような年に一度（ないし数度）の大規模な祭りの場合が多い。「神祭り」は形式的、儀式的な行為である祭祀（ritual）にあたり、「神賑い」は演技的な行為である祝祭（festivity）にあたる。

　とくに「例祭」は、いわゆる日常＝「ケ」と、非日常＝「ハレ」という区分からみれば、非日常的な性質を強く帯びたものであるとされる。祭りによって神霊の力を取り込むとともに祭礼の集団的な高揚や解放感という「ハレ」の場が生み出す力によって、心身共にリフレッシュすることで、「ケ」に戻ったときに、周囲にもよい影響を与えることができると考えられている。この「ハレ」としての祭りを主として歴史的に行ってきた場が神社であり、言い換えれば神社の存在意義のひとつは、神祭りを行う場であるということにある。

　リズミカルな囃子の音とともに豪華な34基の山鉾が市街地を巡行し、毎年夏の風物詩ともなっている京都八坂神社の祇園祭や、「天下祭」とも呼ばれ、神輿が勇壮に練り、鯰や鬼頭の面、獅子頭など、巨大な曳き物が登場することで知られる東京の神田神社の神田祭などは、ともに壮大な祭りであるが、神社祭祀における分類、区分で言えば、一年に一度（ないし数度）の「例祭（大祭）」と呼ばれるものにあたる。また、祇園祭の山鉾巡行を祭祀の構造から考えると、神社の神輿が御神幸（氏子区域を巡回）する前に氏子が行う神迎えの歓迎行事と考えられている。毎年７月17日に御旅所（巡回の途中で神輿が休憩または停泊する場所）へ神輿が渡御され、24日に還幸の祭祀が行われている。祇園祭そのもの

祇園祭（撮影は大東敬明）

は、7月1日よりはじまり31日までつづいており、その期間は街中が夏祭りの「ハレ」の舞台へと変化する。

3 シンク・ペア・シェアで「イベント」との違いを探る

テーマと手法

「祭り」と類似する面をもつ「イベント」との比較を通じて「祭り」の特徴について考えてみたい。具体的には、「シンク・ペア・シェア」と呼ばれるワークを通じて「祭り」と「イベント」との共通性と違いについて検討する。

ねらい

ここまで「祭り」について、主に「祭り」の語義、主体と構造について考えてきたが、現代社会では、「祭り」の名を掲げる「イベント」も広く普及している。「イベント」とは、辞書的に言えば、「催し物」「興行」という言葉が当てはまるが、祭りとはいったい何が違うのだろうか。イベントとは異なる、祭りのもつ魅力や重要性を考えることを目的とする。

**シンク・ペア・
シェアの手順**

シンク・ペア・シェアとは、「考える」「2人組」「共有」の順序で段階的に議論する技法であり、あるテーマについて、まず1人で考え、次に2人組のペアとなり、互いに考えた内容を共有し、さらに教室全体で共有し、検討するという技法である。

　まず、2人組のペアを作る。各自が【ワーク1】で記した「祭り」の魅力や、「イベント」との共通性についてパートナーに説明しあい、共有する。次にペアで共有した意見を発表し、教室全体でさらに検討してみよう。

4　見る祭りと都市の祭り

祭りとイベントを支え
るコミュニティ文化

　祭りの魅力とはなんだろうか。また、祭りとイベントとの差異はいったいどこにあるのだろうか。祭りの最大の魅力は、非日常の世界へと人びとを誘い、その心を高揚させる「ハレ」の場であるという点にある。イベントも同じ「ハレ」の場ではあるが、神々がまったく関与しないという点で「祭り」とは大きく異なる。

　対比される「ハレ」と「ケ」であるが、近年では「ケ」が活力を失った状態である「ケガレ」の概念を導入して、「ハレ」は「ケガレ」を回復させる儀礼とし、三元論的な形で循環性をもって説明することもある（神崎 1993）。

　そして日常の生活にあたる「ケ」には、それぞれの地域において人びとの生き方、考え方、行為の仕方を表す、「コミュニティ文化」が存在するという（船津・浅川 2014）。このコミュニティ文化は、世代を通じて継承されるものであり、具体的には各地域で受け継がれてきた知識や社会規範、慣習などであるが、神社の祭りや近年、都市で新たに創出された祝祭的なイベントも含まれる。社会学者の船津衛は、コミュニティ文化の問題点として、①担い手の不在、担い手の固定化、住民不在、②担い手と見物人の分離、③内容の画一化、古いものの維持や狭い芸術文化への偏り、という 3 点があると指摘している（船津・浅川 2014）。コミュニティ文化は各地域の既存組織が中心となって担っていることが多く、高齢化にともなって世代交代が進まないという問題を抱えているケースもある。

　こうしたコミュニティ文化の問題は、各地の神社の祭りのみならず、地域の各商店街や町内会・自治会などが主催するイベントにも共通するものである。今も活況を呈している京都の祇園祭や東京の神田祭、深川祭など、全国的にも有名な都会の祭りがコミュニティ文化の問題点をいかに克服したのかを調べると、祭りの活性化や地域おこしを考えるうえでもヒントになるだろう。

「見る」祭りと観光化

　民俗学者の柳田國男は、1942 年刊行の『日本の祭』で祭りには見物人のいる祭りといない祭りとがあると

し、都市の祭りは、農村部の祭りのように豊作を願い、収穫を祝う祝祭ではなく、夏の災害や病気を免れるための祭りであると説いた（柳田 1990）。また、文化人類学者の米山俊直は、都市の祭りは担い手の側からすれば見られる祭りであると指摘した（米山 1986）。つまり、担い手だけではなく、見物人や観客がいるのが都市の祭りである。前出の船津によれば、都市社会では、多くの人びとが「祭り」の単なる傍観者（見物人）となっており、担い手からはむしろ疎外される傾向にあるという。近年では、農村部の祭りにおいても担い手の減少とともに、人びとの傍観者的な傾向が強まっている。

　今後、「見る」祭りの傾向がより強まる各地の祭りと、地域おこしとをどのように融合させるかは、伝統文化の継承という点からも重要である。参考となるのが、祭りを通じた地域おこしとして成功している「東京高円寺阿波おどり」である。この高円寺阿波おどりは、1957 年に地元商店街の青年部が地元高円寺の氏神である氷川神社の例祭に付随する祝祭行事として行ったことがきっかけで、現在では東京の夏の風物詩として知られている。一方、近年の高円寺阿波おどりは、「見る」祭りとして観光化してきているが、その契機のひとつとなったのは、2007 年から 8 月最終の土曜日、日曜日に開催日を変更したことである。これにともなって氷川神社の例祭と連動しなくなり、イベント化、観光化がさらに進んだという指摘もある（藤本 2010）。

　観光化という点では、近年、アニメやゲーム、映画の舞台となった場所を中心に若者らが聖地巡礼と称して訪れる「コンテンツツーリズム」（岡本編 2019）との関係が注目される（詳細は第 6 章参照）。埼玉県の鷲宮神社をはじめとして、社寺がその対象となる事例が増えており、当該の社寺は参詣者で賑わいを見せている。各種のイベントや観光化する行事との共通性・関係性などを検討することにより、少子高齢化や過疎化にともなう担い手不足で苦境に立たされている各地の「祭り」を再活性化するアイデアが生まれる可能性もある。

ワーク2

　シンク・ペア・シェアのワークで共有された意見について書こう。さらに、教室全体の意見を聞いて、あらためて「祭り」と「イベント」との違いや重要性について自分の意見をまとめてみよう。

キーワード

祭祀

　神社を含めて広く社会で行われるもろもろの神仏への儀礼を総称して祭祀と称す。祭礼といえば、神社では例祭のことを指し、それに関連した神賑いの行事も含むとされる。

祝祭

　人が集まり、物事を祝う祭事や催しのことを指す。伝統的な祝祭である神社の祭りの例としては、春に豊作をあらかじめ祝い、秋の田畑の実りを願う祈年祭や稲や野菜などの収穫を感謝し、これを祝う秋の新嘗祭などがある。

コミュニティ文化

　村落や都市など、一定の地域性に基づいて人びとの共同生活が営まれる生活圏を「コミュニティ」と呼ぶが、そのコミュニティの住民に共有された、人びとの生き方、考え方、行為の仕方（way of life）を表したものである。

ブックガイド

宇野正人監修『祭りと日本人──信仰と習俗のルーツを探る』青春出版社、2002 年

　祭りとは何かといったことからはじまり、祭りの約束事、祭りの習俗などについても触れられるなど、お祭り入門ともいうべき書。祇園祭やねぶた祭り、熊野の火祭りなど全国各地の祭りや、年中行事など暮らしのなかでの祭りについても述べられている。

真弓常忠『神道祭祀──神をまつることの意味』朱鷺書房、1992 年

　京都の八坂神社宮司や大阪の住吉大社宮司を歴任した著者が、神社の祭祀に奉仕する立場から祭りの意義や本質を明らかにしようとした書。祭祀の特質や祭祀の歴史、祭祀の機能や精神、四季折々の神社の祭りにも触れられている。

岡田荘司・笹生衛編『事典　神社の歴史と祭り』吉川弘文館、2013 年

　京都の八坂神社の祇園祭や長野の諏訪大社の御柱祭など、古代から近世にかけて創建された著名な神社 60 社の祭りと神社の由緒との関連が詳しく記された書。神社史の観点を中心に各社の著名な祭りの由緒や全国の主要な祭りの年間一覧が記されており、神社の祭りを専門的に勉強する際のハンドブックとして手元に置きたい書。

第 **6** 章

巡礼者は何を求めて聖地に向かうのか？
── 聖地、世界遺産、真正性

碧海寿広

学習のポイント

- ☑ 現代世界でさまざまな巡礼が行われていることを知る。
- ☑ 巡礼者の巡礼体験のしくみを理解する。
- ☑ 巡礼とツーリズムの関係を学ぶ。

到達点

- ☑ 伝統的な巡礼と現代の巡礼の違いを説明できる。
- ☑ 巡礼の構造を分析するための視点を習得する。
- ☑ 巡礼とツーリズムが融合した「巡礼ツーリズム」を把握する。

1 聖地を巡礼する人びと

　なんらかの信仰をもつ人びとが、特定の**聖地**をめざして歩き、聖地をめぐる。この巡礼という行為は、昔から多くの宗教のなかで行われてきたし、今でも重要な実践としてある。たとえば、神道、仏教、キリスト教、イスラーム、いずれの宗教にも巡礼の文化がある。宗教をめぐる文化には、心のなかで完結しやすいものと、身体を動かさないと成り立たないものがあるが、巡礼は後者の代表例であるといえるだろう。

　巡礼者たちは、何を求めて聖地に向かうのだろうか？　そして、何を体験しているのだろうか？　それが本章の中心的な問いである。そうした問いに対す

る宗教学からの答え方は、昔と今とでは大きく変化してきている。どう変化したのだろうか。それをこれから学んでいこう。

　近年の巡礼は、ツーリズム（観光）と強く結びつく傾向がある。特定の宗教の聖地が、同時に観光地にもなることで、そこに特定の宗教の信者ではない観光客も、数多く訪れるようになっているのである。聖地の観光化ということ自体は、昔からしばしば見られる現象ではあった。だが、近年の観光産業の発展や、**世界遺産**という新しい制度の導入により、巡礼とツーリズムの関係が、ますます強化されつつある。本章では、そうした現状を踏まえ、「巡礼ツーリズム」についても学んでいきたい。

ワーク1

　あなたがテレビやインターネット、本などで見たり、読んだりしたことのある巡礼を1つ挙げ、もっとも印象に残ったことを記してみよう。または、あなたが初詣や観光で訪れたことのある聖地や宗教関係の施設（寺社や教会など）を1つ挙げ、そこでもっとも印象に残った体験を記してみよう。

2 聖地巡礼とその体験の多様性

巡礼とは何か　　巡礼とは、「日常生活を一時離れ、聖地に向かい、そこで聖なるものに近接し、ふたたび日常生活にもどる行動である」と定義されている（星野 1981）。では、「聖地」とはなんであり、「聖なるもの」とはなんであるか。

　「聖地」とは、たとえば、仏教徒にとってはブッダ（釈迦）が悟り（正覚）を開いた地であるブッダガヤであったり、キリスト教徒にとってはイエスが処刑されたエルサレムであったり、イスラームの信徒にとっては、ムハンマドの生誕地であり、また迫害を受けてメディナに逃れていた彼が帰還し信仰共同体を完成させた地であるメッカであったりする。これらの聖地には、信徒が世界中から押し寄せてくる。また、ヒンドゥー教徒にとっては、無数の寺院が存在するベナレスが最大の聖地である。インド国内から多くの人びとがこの聖地を訪

れ、ガンジス川で沐浴する。日本では、弘法大師（空海）の修行の地である高野山や、20年ごとの「式年遷宮」で著名な伊勢神宮などが、大衆的な聖地として人気を集めてきた。

　こうした例からわかるように、「聖地」とは、まずもって開祖や創始者など特定の宗教にとっての特別な人物（聖人）とゆかりの深い土地である。一方で、ベナレスや伊勢神宮のように、人物ではなく、特定の宗教の神仏が祀られている場所であることもある。そして、これらの土地や場所にやってきた人が接近できる「聖なるもの」とは、それらの聖人のイメージや、寺社や祭壇に祀られた神仏の存在にほかならない。そうした「聖なるもの」に接することのできる土地や場所に行って帰ってくることが、伝統的な意味での「巡礼」である。

　日本における伝統的な巡礼としては、四国遍路が現在もっとも有名なものと思われる。四国にある八十八か所の寺院を1つずつめぐるこの四国遍路は、その「ゆるさ」が特徴的である（森 2014）。基本的には弘法大師（空海）への信仰に基づく巡礼ではあるが、空海を開祖とする真言宗の僧侶や檀家（信徒）だけではなく、誰もが行うことができる。メッカや伊勢神宮のような唯一無二の目的地があるわけではなく、四国四県に広がる八十八か所の寺院のどこからめぐりはじめてもよいし、どこでやめてもかまわない（最終的には八十八か所すべての寺院を廻るのが四国遍路の目標ではあるが）。巡礼者（「遍路」）が歩くべきルートも、歴史のなかでしばしば変化してきた。そもそもこの巡礼を、いつ、誰が、なぜはじめたのかも、はっきりとはわかっていない。

　また、四国遍路を行う者たちの動機や目的も、昔と今とではだいぶ変わってきている。江戸時代より以前には僧侶が修行のためにするものであったが、江戸時代からは観光目的の遍路が増えはじめ、明治以降さらには戦後になると、観光への傾斜が次第に強まっていった。他方で、信仰的な動機から遍路を行う人も依然として少なくなく、また「自分探し」のような新しい意図をもつ者も現れてきた。四国遍路は、次に見るような巡礼体験の過去と現在のかたちが共存している、日本の代表的な事例なのである。

巡礼体験の過去と現在

　まずは巡礼という行為そのものの大まかな構造を示しておこう。巡礼という行為は、日常生活から離れた

非日常的な行動と経験を通して
個人の心構えが変わるという意
味で、ある種の通過儀礼的な側
面をもつ。そのため、第4章で
紹介したA.ファン=ヘネップの
『通過儀礼』における儀礼の3
局面は、巡礼の構造を分析する
際にも有効である。

サンティアゴ巡礼（撮影は岡本亮輔）

　巡礼において人間は、日常生活を営む場所や社会から「分離」して、聖地へ
と向かう。聖地に向かう時間と聖地で過ごす時間は、非日常的な「過渡」の状
態である。そしてふたたび元の場所や社会に帰ることで、「統合」が果たされ
る。

　このうち巡礼体験にとってもっとも重要なのが、「過渡」の局面である。巡
礼者は、この「過渡」の時間において「聖なるもの」と接し、そこで日常生活
では得られない体験をし、そしてその体験こそが、巡礼という宗教的な行為の
いわば醍醐味なのである。

　ただしここで大事な点は、その巡礼体験が、過去と現在では大きく変化して
いるということである。キリスト教（カトリック）のサンティアゴ巡礼を例にし
て考えてみよう。サンティアゴ巡礼は、イエスの十二使徒のひとりであった聖
ヤコブの遺骸を祀るスペインのサンティアゴ大聖堂を目的地とした巡礼であり、
同地はローマ（バチカン）、エルサレムとともに、キリスト教の三大聖地とされ
ている。このサンティアゴ巡礼を行う人びとにとって、もっとも大切な体験と
なるのは、聖堂においてヤコブに祈り、ヤコブの師であるキリストに祈り、そ
して神に祈ることであった。その祈りを通して、自己の人生を反省し、また自
分や家族の現世や来世での幸せを願うことであった。

　今「あった」と過去形で述べたが、敬虔なキリスト教徒にとっては、現在も
なおそうで「ある」と言ってよい。しかしながら、現代におけるサンティアゴ
巡礼者のなかには、こうした過去において支配的であった体験とは、また別の
体験を求めている者も少なくない。それは、たとえばふだんの人間関係から一
時的に自由になって、自分のアイデンティティをあらためて見つめなおしてみ

ることであったり、巡礼の途上で日常では出会えないような人びととの出会い
を経験することであったり、たまたま道を同じくした巡礼者たちとの新鮮なつ
ながりを築いたりすることであったりする。

　こうした現代的な体験を求める巡礼者たちにとっては、聖地という「ゴール」
よりもむしろ、巡礼の「プロセス」のほうが価値をもつ（岡本 2015）。聖地を
成り立たせている聖人や神仏のような「聖なるもの」より以上に、巡礼を行っ
ている最中における個々人の心の揺れ動きや、他者との関係の質が、その巡礼
の価値を決定する要素として重んじられるようになっているのである。

3 KJ法で新しい巡礼モデルを作る

| テーマと手法 | 巡礼者は巡礼を通してどのような体験を得ており、そこにはどのような意味があるのか。巡礼体験のしく |

みを分析することで、ファン＝ヘネップのモデルに代わる新しい巡礼モデルを
作り上げてみよう。

　本章でその分析に用いるのが、KJ法である。KJ法とは、文化人類学者の川
喜田二郎が考案した技法である（川喜田 2017）。さまざまなアイデアやデータを
整理・統合して、創造的なアイデアや問題解決の糸口を導き出す際に役に立つ。
具体的には以下の手順を踏む。

　①アイデアやデータをできるだけ多く付箋に書き出す。②近しい付箋を集め
てグループ化し、タイトルをつける。③グループどうしの関係性を配置して図
解する。④図解を文章化してレポートや論文にまとめる。

| ねらい | 前節で述べたとおり、近年、巡礼体験の構造に変化が見られ、それを分析するための新しい巡礼モデルが |

求められている。そこで、前節で触れたのとはまた別の巡礼の事例も思い出し
ながら、それぞれの巡礼体験の共通性や相違を明確に分析できるような、現代
的な巡礼のモデルを作り上げてみよう。

ワークの手順

4〜6人のグループを作る。付箋（7.5 cm×7.5 cm）とマジックを用意する。

①「巡礼」と聞いて思い浮かぶことを各自が付箋に記す。付箋1枚につき1つのことを書く。②全員分の付箋を模造紙のうえに並べて分類し、グループ化してタイトルをつける。③グループごとの関係性を考え、図解する。その際、グループどうしを矢印や線で結んだり、イラストを描いたりして、見やすさを考えて作成する。④最後にプレゼンテーションを行う。模造紙を壁に貼りつけるか、誰か1人が持ち、その前で担当者がプレゼンする。プレゼン担当者（と模造紙を持つ係）以外のメンバーは他のグループの作品を見て回る。

なお、広いスペースが確保できない場合は、A3用紙と小さい付箋で実施することも可能である。

4　巡礼をめぐる真正性とツーリズム

真正性と新しい聖地の創造

現代の巡礼者たちの体験の構造を読み解く際には、「聖なるもの」について考えるだけでは不十分である。むしろ「真正性（authenticity）」という概念を用いるのが適当である。真正性とは、簡単に言えば「本物らしさ」のことである。現代的な巡礼者にとっては、聖地で接することのできる聖人のイメージや神仏の存在が、「聖なるもの」として信じるに値するか否かは、それほど重要ではない。むしろ、聖地やそこに向かう途上で見たり聞いたりしたものや、出会った人びととのつながりが、自分にとって「本物らしい」かどうかが肝心なのである。

この真正性の観点からみてとても興味深い新しいタイプの「聖地」や「巡礼」として、パワースポットとアニメの「聖地巡礼」がある。パワースポットとは、2000年代以降にブームになった新しいタイプの「聖地」であり、そこに行くと運気が上がるなどとされている。テレビやインターネットなどのメディアで「○○がパワースポット」などと名指され、その情報を受容する人びとがそこに真正性を認めることで、実際に多くの人びとが集まってくるようになる。パワースポットの事例としては、明治神宮の清正井（神社境内の湧水）が有名である。

　一方、アニメの「聖地巡礼」とは、特定のアニメ作品の舞台となった現実の土地や、そのアニメの登場人物にゆかりの深い場所が、ファンたちによって「聖地」と定義され、彼らがそこを「巡礼」する現象のことをいう。『らき☆すた』の舞台のモデルである埼玉県の鷲宮神社や、『けいおん！』の舞台のモデルとなった滋賀県豊郷町の旧豊郷小学校などが、比較的よく知られている（岡本 2018）。

　このうちパワースポットは、おおむね伝統的な寺社やその境内の一部、あるいはすでに一定の信仰が認められていた特定の場所が、あらためて「パワースポット」と名指される事例が主流である。一方、アニメの「聖地巡礼」のほうは、むしろ従来の聖地とはなんら関係のない場所が、突如「聖地」に認定されることで、そのアニメ作品のファンが訪れ、相互交流する場になることのほうが多い。

　　　「巡礼ツーリズム」という視点　　　現代における巡礼の変容を考える際には、より大きなシステムの問題として、ツーリズムという視点を取り込むことも欠かせない。

　ツーリズムとは、端的に言えば観光のことである。ある場所やそこにあるさまざまな事柄が、その地域の外部で生活する人びとにとって訪問や経験に値するものと見なされ、実際に人びとがそこを訪れて消費行動を行う。そうした消費行動を、観光業者や交通機関や地元行政や地域住民が促し、人びとの移動や経済を活性化させる。そうしたツーリズムの影響は、現代社会と宗教の関係を考察するうえで、とても重要な要素となっている（山中編 2012）。

　宗教や巡礼に対するツーリズムの影響は、世界遺産という制度の台頭によりとても顕著になってきた。世界遺産とは、世界遺産条約（1972 年採択、1975 年発効）に基づきユネスコが運営する制度であり、日本では同条約を批准した翌年の 1993 年に、「法隆寺地域の仏教建造物」など 4 件が登録された。以後、日本では現在（2023 年 12 月）までに 25 件が登録されており、そのうち 10 件が宗教関係の聖地である。

　世界遺産に登録された場所には、多くの観光客が訪れ、少なからぬ経済的効果がある。人びとは、世界的なレベルでの評価というそのブランド効果に強い

「真正性」を認め、その聖地に対する信仰心とは無関係に観光客としてやってくる。また、聖地を擁する地方自治体などが、世界遺産に認定されることをめざして、他の聖地とは差別化された当地の価値を強調するために、さまざまな演出や宣伝に努めるようになる。

　こうしたツーリズムの影響下で聖地を訪れる人びとの行動や経験を正確に理解するうえで、彼らの信仰だけを考慮するのは適当ではない。観光的な意図や、彼らの消費行動がもつ意味についても検討することが不可避となる。それゆえ、現代の宗教研究者たちは、「巡礼ツーリズム」という視点から聖地巡礼を研究するようになってきている。それは、宗教をめぐる文化が消費行動と密接に結びついた現代社会を分析するための、きわめて有効な方法なのである（門田 2013）。

ワーク2

　KJ法による分析を進めた結果、あなたのグループが到達した見解のポイントと、それに対するあなたの意見を書いてみよう。

キーワード

聖地

　　特定の宗教の開祖や創始者にまつわる重要な場所、あるいは神仏を祀った神社・寺院・教会
や、奇跡や神秘的な出来事が起こったとされる土地のこと。ただし近年では、特定のアニメの
舞台など従来になかった新しいタイプの「聖地」が次々と創造されており、また戦争や事故や
災害による惨禍を記念するための「負の聖地」も増えてきている。

世界遺産

　　「世界の文化遺産及び自然遺産の保護に関する条約」（世界遺産条約）に基づく制度であり、ま
た世界遺産リストに登録された建築物や自然景観などの物件のことである。奈良や京都などの
寺社や、紀伊山地の霊場などがこれに登録されることで、それらの聖地の観光化が進行してい
る。また、世界遺産の登録過程では宗教文化の評価や選別をユネスコや行政などの世俗的な機
関が行っており、聖地をめぐる価値基準が変化しつつある。

真正性（authenticity）

　　人間がある対象に対して感じる「本物らしさ」のこと。その対象は、モノであったり、体験
であったり、他人との関係性であったりする。肝心なのは、その対象が「本物」かどうかを決
定するのは、個人の主観であるということである。たとえその対象が実際には「にせもの」（偽
造品や詐欺）であったとしても、当事者がそこに「本物らしさ」を感じ取ってさえいれば、そ
こには真正性が発生しているといえる。

ブックガイド

星野英紀『巡礼——聖と俗の現象学』講談社現代新書、1981 年

　　巡礼研究の第一人者による古典的な著作である。巡礼の類型、目的、特質などについて、世
界各地の事例を取り上げながら解説している。40 年以上前に刊行された著作だが、巡礼とい
う宗教的行為の本質について学ぶためには今なお必読の一冊である。

岡本亮輔『聖地巡礼——世界遺産からアニメの舞台まで』中公新書、2015 年

　　パワースポット、アニメの「聖地巡礼」、世界遺産、B 級観光地などが生み出す巡礼の現代
的展開を、宗教社会学の観点から巧みに分析した本である。宗教の社会的影響力が減退する社
会において、依然として人びとを魅了する宗教的なものとは何かを問う。

星野英紀・山中弘・岡本亮輔編『聖地巡礼ツーリズム』弘文堂、2012 年

　　現代世界に広がるさまざまな聖地巡礼の実態を、52 の事例から多角的に紹介・考察してい
く著作である。伝統的な寺社や教会のみならず、戦死者の慰霊施設や災害の被災地、アウシュ
ビッツなどの「負の聖地」も扱われており、一冊で幅広い視野を得ることができる。

第III部

現代宗教の争点を
読み解こう!

第 **7** 章

いのちを教えることができるのか？
── 寛容の態度、宗教文化教育、教科としての道徳

川又俊則

- ✔宗教教育とはどのようなものかを理解する。
- ✔なぜ宗教教育が日本では身近ではなく、諸外国で当たり前なのかを考える。
- ✔宗教はこれまで学校教育でどのように扱われてきたのかを理解する。

- ✔宗派教育、宗教文化教育、いのちの教育などをそれぞれ説明できる。
- ✔諸外国での宗教教育の実態を説明できる。
- ✔現代日本で宗教文化教育は可能かどうか、理由を踏まえて説明できる。

1 宗教と学校教育

　あなたはこれまで、学校で宗教を学んだことはあっただろうか。あったならば、それはどんな場面だったか。倫理や世界史、地理などの授業を思い出す人もいるかもしれない。キリスト教系や仏教系学校の出身者なら、クリスマスや花まつりなどの行事を経験したかもしれない。しかし、まったく経験していない人のほうが多いのではないだろうか。それはなぜだろう。

　私立宗教系学校は学校全体からすれば少数だ（2022年時点で小中高校総数の2.1％が宗教系。宗教情報リサーチセンター（2024）および文部科学省（2022）より筆者算出）。しかも宗教系学校の教育課程でも宗教の時間はわずかである。つまり、日本で

は高校までの教育機関で集中的に宗教を学ぶ機会は皆無に等しい。信仰熱心な家庭でもない限り、家や地域で学ぶこともない。第二次世界大戦後約 80 年、日本に生まれ育った人びとは、宗教に無知なまま社会人になる。大学で「宗教学」「宗教社会学」などの科目を履修した学生は、そこで初めて諸宗教や宗教と社会のかかわりなどを学ぶ。じつはこうした状況は、世界的にみれば当たり前とはいえない。諸外国では、義務教育段階で宗教の授業を設けているところが少なくない。

　本章では、宗教と学校教育のかかわりを考えよう。歴史的経緯に触れ、日本の宗教教育の位置づけを確認すると同時に、宗教教育はどのようなかたちで可能かを考えよう。

ワーク1

　あなたがこれまで、教科（社会など）や教科外活動（学校行事など）を通じて学んだことのある宗教について、その内容を書こう。学んだことがなければ、教科や教科外活動で、どのような内容（宗教名を含めて）を学ぶことができるか想像して書こう。

2　宗教教育とは何か

宗教教育の位置づけ　　「宗教と教育」の問題を考える出発点は、当然ながら憲法にある。日本国憲法第 20 条では「信教の自由」が定められている（第 3 章参照）。第 1 項で「信教の自由は、何人に対してもこれを保障する」とされ、個人の信仰が保障されている。そして第 3 項で「国及びその機関は、宗教教育その他いかなる宗教的活動もしてはならない」とされ、公教育での宗教教育を禁止している。

　「信教の自由」と「政教分離」の原則が示される近代国家では、公の場で、宗教上の中立を守ろうとしている（第 10 章参照）。憲法のもとで定められた教育基本法（1947 年施行）では、宗教教育も 1 つの条文のなかに規定されている。そして 2006 年に改正された同法第 15 条 1 項では、「宗教に関する一般的な教

養」の尊重が追加された。

宗教教育の区分　従来、宗教教育は、宗派教育・宗的情操教育・宗教知識教育の３区分で説明されてきた。

　宗派教育とは、特定の宗教の立場に基づき、その教義・儀礼や実践方法などを教えることである。狭い意味での宗教教育はこれを指す。宗教的情操教育とは、各宗教に備わっている人間に共通の基礎的な宗教心、生命の根元に対する畏敬の念などを教えることである。特定の宗教・宗派に立たない宗教的情操教育は不可能だという見解がある一方、一般性の高い宗教性にかかわる情操教育と考えれば、特定の宗教に基づかなくとも、いのちへの畏敬の念を教えることはできるという見解もある（本章第4節）。専門家間でも意見はわかれ、この論争は決着をみない。宗教知識教育とは、諸宗教の歴史上果たした役割、事実など客観的知識を中立の立場で教えるものである。倫理や世界史などの科目では、世界や日本の諸宗教が学ばれている。

　近年、この３区分とは別に、カルト問題などを学ぶ対宗教安全教育（菅原 1999）、他宗教を認めあう宗教的寛容教育（貝塚 2009）、具体例から児童生徒が宗教を考える教育（宗教教育研究会編 2010）なども提唱されている。他国の宗教教科書を分析した藤原聖子（2011a）は、宗教教育を目的という観点から、「人格形成のための教育」「異文化理解のための教育」「論理的・批判的思考力や対話能力といったコンピテンシーを身につけるための教育」と整理した。

　グローバル化が進む多文化共生社会のなかで、多様な価値観や文化をもつ人びととの共生が当たり前という前提に立つならば、宗教に対するリテラシーを高め、自文化・異文化を含めた「宗教に関する一般的な教養」を学び、**寛容の態度**を身につける必要があるのは衆目の一致するところだろう。その方法論は深化途上にあるが、ひとつの試みとして、2011 年に宗教文化士制度が民間資格として導入された（宗教文化教育推進センター 2024b、宮崎 2016）。そのなかで、**宗教文化教育**の教材開発なども研究されている。

　本章ではこれらの議論を踏まえ、「異文化理解のための宗教文化教育（知識や情操を含む）」が公立学校で可能かどうかを考えてみよう。

諸外国の状況　ごく一部だが、日本以外の国ぐにの状況を見ておこう。世界各国の公教育において宗教が、どのように教えられているのか、研究者やジャーナリスト個々の報告以外にも、まとまった共同研究がある。教育学者の江原武一は共同研究者たちと、11 か国（アメリカ、イギリス、フランス、オランダ、中国、フィリピン、レバノン、タイ、トルコ、インドネシア、マレーシア）の 2000 年頃の状況を整理した（江原編 2003）。また、世界の宗教教科書プロジェクトは、10 か国（アメリカ、イギリス、フランス、ドイツ、トルコ、インド、タイ、インドネシア、フィリピン、韓国）の宗教教科書を DVD に収録した（世界の宗教教科書プロジェクト編 2008）。

　これらの報告を見ると、宗教を独立した授業として学ぶ国（イギリス、ドイツ、タイなど）と、社会科などの授業で部分的に取り扱う国（アメリカ、フランス、フィリピンなど）にわかれる。前者のうちイギリスでは、1944 年の教育法で宗教教育が公営学校の必修科目に位置づけられたが、あわせて親が子どもを宗教教育から退出させる権利保障、非宗派教育を受けさせられることが明記された（江原編 2003）。さらに 1988 年の教育改革法で、キリスト教中心の宗教教育から、他の宗教を含む包括的な宗教教育へと転換する新たな指針が示された。同じく前者に属するマレーシアで国教たるイスラームは、信徒の児童生徒に必修だったが、非信徒はその時間に別室で道徳の授業を受けていた。他宗教の教育は、学校外で非公式的に行われていた。

　後者のなかでも、フランスの厳格な政教分離（ライシテ）は有名だ。公的空間から宗教性を排除する一方、私的空間での信教の自由を保障した教育が行われている（第 11 章参照）。

3　学校での宗教文化教育をめぐるジグソー法

テーマと手法　日本の公立小学校で宗教文化教育が行えるかどうかを考える。本章では、グループの各メンバーが担当パートごとに学び、学んだことを教えあうワーク、ジグソー法を行う。

　この方法は、小さなピースをあわせて全体を完成させるジグソーパズルのごとく、メンバーで担当を決め、それぞれが担当のテーマについて学び、グルー

プに持ち帰って教えあう技法である。

　　　　　　　　　　　　　　　　第１節の【ワーク１】で個々の経験が示されたが、
　　　　　　ねらい
　　　　　　　　　　　　　　　　本節では、それを踏まえつつ、各自が担当のテーマに
ついて学んだ知識をもとに、自分の意見をメンバーに話すことで、宗教文化教
育が可能かどうかについての多角的な思考が可能となる。

　　　　　　　　　　　　　　　　３人組のグループを作る。そのグループ内で「①教
　　　　ジグソー法の手順
　　　　　　　　　　　　　　　　科・教科外活動（領域）にみられる宗教文化、②宗教
文化教育、③他国の宗教教育」の担当を決める（受講者が３の倍数でない場合は、
複数で担当する）。その後、①②③の担当別にわかれ、それぞれ同じ資料をもと
に同じ担当どうしで学びあう。グループ内に戻り、みずから学んだことをグ
ループ内で紹介する。そして、「日本の公立小学校で宗教文化教育が可能か？
（可能ならばその内容はどのようなものか？）」というテーマについて、①②③の情報
を踏まえて議論し、各自の意見をまとめ、グループ内で発表する。

　次のウェブサイト、関連書（章末のブックガイド、巻末の引用文献一覧など）、あ
るいは、担当教員が配付する資料（参照文献、事例）などで情報を得て学びあおう。

　①教科・教科外活動（領域）にみられる宗教文化

　文部科学省（2017）など。現行（平成29年３月告示）の小学校学習指導要領の
内容が読める。国語・社会・生活・特別の教科 道徳・総合的な学習の時間な
どを読もう。巻末資料に一部抜粋がある（第７章　資料）。国語や社会などの教
科書や参考資料が図書館で確認できる場合、実際に閲覧し、どのような記述に
なっているか確認しよう。

　②宗教文化教育

　宗教文化教育推進センター（2024a）、國學院大學博物館（2024）、井上（2020）
など。それぞれ、宗教文化士認定試験の過去問、宗教文化教育事業、世界遺産
や映画といった幅広い宗教文化教育の情報が掲載されている。

　③他国の宗教教育

　江原編（2003）、国際宗教研究所編（2007）、世界の宗教教科書プロジェクト
編（2008）、藤原（2011b、2017）など。

4 宗教と道徳といのちの教育

戦前の宗教教育

明治期、1872 年の学制公布を契機に全国民を対象とした近代教育制度がはじまった。キリスト教宣教を担う各宗派・修道会が創設したミッションスクールでは、キリスト教に基づく教育が行われた。他方、神道国教化の動きのなか、公立小学校では「尊皇愛国などの道徳教育」が重視された。1879 年に教育令の制定により教育と宗教が分離され、1899 年の訓令（上級官庁から下級官庁への命令）では、官立公立学校および学校令に準拠するすべての学校教育で、いっさいの宗教・儀式が禁止された。私立学校であっても、また課程外であっても、宗教教育や宗教儀式執行が禁止された。

他方、こうした教育と宗教の分離に抗する流れもあった。1890 年に発布された教育勅語は、第二次世界大戦終戦まで、国民道徳・国民教育の基本とされた。また、神社非宗教論が台頭し、教育のなかに神道的理念を導入する傾向が強くなった。大正時代、学校教育が知識に偏り、情操面で欠けているとの意見から、宗教的情操教育の必要性が唱えられるようになる。1932 年の訓令で「宗派教育ではない宗教的情操教育までも禁じていない」との解釈が示され、1935 年の「宗教的情操の涵養に関する留意事項」という文部次官通牒で、「修身」という教科を通じた教育勅語の徹底や滅私奉公の精神をすすめることが主張された。

戦後の宗教教育

第二次世界大戦における敗北は、日本の教育も大きく変えた。1945 年のいわゆる神道指令で、国家神道に対する特別の保護がいっさい解除され、教育勅語が事実上停止された。「宗教的情操教育」の必要性は、当時の文部省が 1945 年に発表した「新日本建設の教育方針」や 1946 年の帝国議会でも謳われたが、具体的な定義や内容に踏み込んだ議論はなかった。修身などで教育と国家神道が密接に結びついていたことへの反省・反動から、戦後は宗教を避ける傾向が教育界全体に見られ、宗教教育が「アンタッチャブル化」した。

　一方、1945 年の訓令で、私立学校では「生徒の信教の自由を妨害しない、学則に特定宗派の教育を行うことの明記、生徒の心身に著しい負担をかけない」という留意事項のもと、課程外での宗派教育・宗教儀式が認められた。さらに、1947 年の学校教育法施行規則で、私立学校では教育課程において、道徳に代えて宗教を教えることができるとされた。

道徳教育の展開

　宗教教育の議論は停滞したままだったが、1951 年の教育課程審議会答申などで道徳教育の必要性が説かれ、1958 年から小中学校で「道徳の時間」が設けられた。ただし、教科ではなく、学級活動や特別活動と同じ「領域」と位置づけられた。

　児童生徒による殺人などの大事件が起こるたびに、いのちに対する軽視の姿勢が問題視され、「道徳」の改革がしばしば議論された。2002 年には全国の小中学校に補助教材『こころ／心のノート』が配布された。この『こころ／心のノート』は、後に『わたしたち／私たちの道徳』と全面改訂され用いられた。小学校では 2018 年度から、中学校では 2019 年度から**教科としての道徳**がスタートし、他の教科と同様に検定教科書が用いられている。道徳性を養うため、「主体的・対話的で深い学び」となるような学習活動が目指されている（中央教育審議会 2014）。

　特別の教科 道徳の学習指導要領は、たとえば、小学校高学年で「美しいものや気高いものに感動する心や人間の力を超えたものに対する畏敬の念をもつこと」など、22 項目の多岐にわたる内容を挙げている。「道徳」を教えるのに専門免許は必要なく、学級担任などが担当する（私立学校での「宗教」担当は宗教科免許状取得者）。

いのちの教育

　特定の宗教によらない「いのちの教育」も多面的に実践されている。筆者自身は、道徳教育で行われる「いのちの教育」を、「死」（死そのもの）、「性」（生命誕生など）、「生」（生き方）、「自然」（植物や動物など）と 4 つに分けて整理した（川又 2009）。スクールカウンセラーだった近藤卓は、自尊感情の育成を主張する「生」の教育を推進している（近藤編 2007）。また、小学校教諭だった金森俊朗は、妊婦を通じた生命の神秘

などを考えさせる「性」、および末期がん患者などを通じた「死」の教育を行っていた（金森 2007）。「生命に対する畏敬の念」について、公立学校では人間どうしあるいは人間と自然のつながりを、キリスト教主義学校では神とのつながりを説明するところが異なるとの指摘もある（大宮 2014）。そして、「特別の教科 道徳」のなかの 1 時間だけではなく、総合的な学習の時間を通じて年間で扱われることもある。

　宗教界はずっと、いのちの問題に深くかかわってきた。宗教学者の弓山達也は文部科学省による道徳教育推進事業などの展開を参照しつつ、「どこか平板で画一的」な現状に対して、「数千年にわたって生や死を見つめてきた宗教の智慧と力を援用できないものか」と模索し、制度・人作りを推進している（ベッカー・弓山編 2009）。このひとつの試みが、宗教文化教育である。そして、医療・看護の現場で、個別宗教などと一定の距離をとった宗教的なケアのあり方がスピリチュアルケアとして定着し（臨床宗教師など。第 15 章参照）、教育と宗教・スピリチュアルとの連携可能性も議論されている。宗教と教育の問題は、誰もがかかわるものとして今後も考えつづけるべきテーマである。

ワーク 2

　ジグソー法によりグループ内で示された 3 パートの内容をまとめよう。それに対するあなたの意見を書き込もう。（可能ならば）その後、グループ内で意見交換しよう。

寛容の態度

　　ある特定の宗教や信者を寛大に受容し、差別待遇しないこと。教師はこうした態度で生徒に
接するとともに、生徒にも寛容の態度を育成することが求められている。1947 年公布・施行
の教育基本法においてすでに、「宗教に関する寛容の態度」（第 15 条 1 項）が規定されていた。

宗教文化教育

　　知識教育を広くとらえ、自文化の宗教伝統への理解と異文化宗教への理解を深めることで、
多文化共生（⇒第 12 章キーワード）に対応した教育のこと。日本宗教学会と「宗教と社会」学会
が連携するかたちで、2011 年に導入された「宗教文化士」制度に則り、主に大学教育のなか
で展開されている。

教科としての道徳

　　2015 年 3 月に学習指導要領が改正され、小学校では 2018 年度から、中学校では 2019 年度
から、それまで教科外活動（領域）だった道徳が「特別の教科 道徳」となった。検定教科書を
用い、専門の教員免許は設けず、指導は従来どおり学級担任が行っている。評価は他の教科の
ように数値化せず、文章にて行う。

藤原聖子『教科書の中の宗教——この奇妙な実態』岩波新書、2011 年

　　倫理の教科書を執筆し、世界諸国の宗教教科書を共同研究した筆者による、日本の中等教育
現場における宗教の教え方の根本を問いただした必読書。教科書の記述を批判的に読むと、そ
こには宗教差別が内包され、特定宗教への価値判断が下されており、「宗派教育」とも見なさ
れるような実態が浮かび上がる。

渡邉毅『道徳教育における人物伝教材の研究——人は偉人を模倣する』ナカニシヤ出版、
2020 年

　　「人物伝」を用い、偉人たちの具体的な生き方を通して道徳的価値を教えることについて考
えるテキスト。著者は教員養成の立場から道徳を研究し、皇學館大学道徳科教育研究協議会を
運営している。日本を含む世界のさまざまな偉人が扱われており、宗教者に関する人物伝を活
用した研究も紹介されている。

国際宗教研究所編『現代宗教 2007』秋山書店、2007 年

　　宗教に関する論文を幅広く掲載する学術誌の「宗教教育の地平」特集号。フィリピン、タイ、
韓国、英米の宗教教育のほか、本章で扱った道徳教育、宗教的情操教育、教育基本法、宗教リ
テラシー教育など、幅広く宗教教育を扱っている。

第 **8** 章

「女人禁制」はつづけるべきか？
—— 霊山、ジェンダー、家父長制

小林奈央子

1 「女人禁制」とは？

　女性であることを理由に、立ち入りや参加を禁じる習俗を「女人禁制」という。日本では、女性が霊山や社寺、祭場に立ち入ることや、それらでお参りや修行を行うことが長く禁じられてきた。また、漁業や狩猟、酒造りやトンネル工事のように、伝統的に男性が担ってきた仕事や、守護する神が女神で、女性が関与すると女神が嫉妬してよくない結果をもたらすとされる職種でも女人禁制がしかれてきた。

　日本において女人禁制が発生した理由は、大きく分けて2つある。ひとつは、月経や出産にともなう血の穢れによる女性への不浄観である。もうひとつは、

仏教の影響であり、仏教寺院の戒律や仏典に見える女性蔑視思想により、女性が立ち入ることのできない領域が生まれたとされる。

　霊山や社寺などでの女人禁制は、明治5（1872）年、明治新政府によって解除され、各霊場では徐々に女性の登拝や参詣が行われるようになった。しかし、現在も女人禁制を堅持している霊場や祭礼がある（小林 2016、2024）。

　本章では、女人禁制の歴史や現状を学び、女人禁制をめぐる問題をジェンダーの視点から考えてみたい。

ワーク1

　日本国内において女人禁制がある（あった）場所や行事、職種について、書籍やインターネットで調べ、その内容を説明してみよう。

2 女人禁制の歴史と現況

女人禁制の歴史

　日本ではいつから女人禁制が発生したのだろうか。その要因のひとつである女性の出産に対する穢れが日本で初めて明文化されたのは、9世紀前半の『弘仁式』であり、月経に関連する血穢（けつえ）については9世紀後半の『貞観式』においてである。いずれも律令の補助法令であり、律令の範となった古代中国の触穢観（しょくえ）などが影響したと考えられている（勝浦 1995）。

　同じころ、五障（ごしょう）・変成男子（へんじょうなんし）（女性は修行しても梵天王・帝釈天・魔王・転輪聖王・仏の5つにはなれない。そのため女性は男身を得てから成仏する）といった仏教による女性差別的な教えが広まり、尼寺の衰退もはじまった。歴史学者の平雅行によれば、月経や出産などにより、その期間のみ生じる一時的な穢れが、五障という「存在としての女の罪業観」と結びついたとき、女性は「存在としてケガレている」という観念に転化し、恒常的な女人結界が登場したという（平 1992）。また、女性との性行為を禁じる仏教戒律（不邪淫戒（ふじゃいんかい））に基づき、僧寺への女性の立ち入りや宿泊を禁じたことも女人禁制の成立につながったと考えられている（牛山 2008）。

霊山と「女人禁制」

空間における女人禁制は、僧寺などの宗教施設だけでなく、男僧の修行の場でもあった霊山でもしかれた。

山上ヶ岳・清浄大橋の女人結界門（大峰山）

いまなお恒常的な女人禁制が残る霊山が、大峰山の山上ヶ岳（奈良県）と後山（岡山県）である。また、石鎚山（愛媛県）は、お山開きの期間（７月１日〜10日）のうち、中腹（７合目）の成就社から頂上社に神像を運び奉斎する初日（７月１日）のみ女人禁制となっている。

とりわけ山上ヶ岳は、女人禁制を開放するか否かでしばしば議論を引き起こしてきた。山上ヶ岳は、山中で修行し悟りを得ることを目的とする修験道の根本道場（中心的な行場）であり、山頂には、修験道の開祖役行者が開いたと伝わる大峰山寺がある。現在も山頂へ至る４つの登り口に「従是女人結界」、「女人結界門」と記された石柱や門がたつ（写真）。「結界」とは、戒律地とそれ以外の地を分ける境界のことであり、「女人結界」とはその境域が女性の立ち入りを禁じていることを示す。大峰奥駈修行（吉野山と熊野三山を結ぶ大峰山脈を縦走する修行）の折には、女性参加者のみ禁制区域を迂回し下山したり、「女人大峰」と呼ばれる近隣の稲村ヶ岳に登ったりしている。

山上ヶ岳の女人禁制と開放の議論

山上ヶ岳の女人結界は不変であったわけではない。現在の女人結界は1970年に女人禁制区域が縮小された際に設定されたものである。木津譲（1993）によれば、縮小された理由は３つある。１つ目は、植林の問題で、山仕事をする女性の入山を認める必要が出てきたこと、２つ目は、登山ブームによる女性登山客の増加や、同年開催の万国博覧会に向けて大峰山系でハイキングコースを開発していた鉄道会社からの要請があったこと、３つ目は、女性バスガイドの問題であり、バスの駐車場より手前の女人結界で女性バスガイドが下車するために生じるさまざまな不便が問題化していたことである。つまり、信仰上の理由ではなく、世俗的な理由に

より女人禁制区域は縮小された。

　過去には女人禁制の解除に向けた動きが修験道教団側からもあった。大峰山を主たる修行場所とする修験三本山（聖護院、醍醐寺、金峯山寺）が中心となり、役行者1300年御遠忌にあたる2000年に、禁制を解除する方向で議論が進んでいた。しかし、その前年、禁制に反対する奈良県教職員組合の女性教諭が登山したことが教団や地元で問題化し、解禁への動きは中断した。

　また、女人禁制を女性差別とし、禁制の解除を求める市民運動も起こっている。2004年、山上ヶ岳を含む地域が「紀伊山地の霊場と参詣道」としてユネスコ世界文化遺産に登録されたのを機に、女人禁制の解除を実現しようと「「大峰山女人禁制」の開放を求める会」が設立された。会は開放に賛同する1万2000人を超える署名を集め、ユネスコ世界遺産委員会や日本政府、寺院などに提出している（源編 2005）。

　しかしながら、山上ヶ岳の女人禁制を、「宗教上の伝統」とする禁制維持派と、「女性差別」と見なす開放派が歩み寄って議論することは難しく、いまのところ開放に向けた動きに進展はない。

3　女人禁制についてディスカッションする

テーマと手法　「山上ヶ岳の女人禁制が続いている理由をグループ（学生6名）調査で明らかにするよう指示された場合、どのような調査計画を立てるか」について、グループディスカッションしてみよう。ここでは集団で多様な意見やアイデアを次々に出していくブレインストーミングと、それらの意見を整理するための親和図法を用いる。

ねらい　どこで、誰に、どのような調査をすれば、禁制が続く理由を明らかにできるか、具体的な調査計画を考えることで、女人禁制をめぐりさまざまな立場や意見があることを想像する。

グループディスカッションの手順　まず、4〜6人のグループにわかれ、各グループで調査すべき項目や内容を、ブレインストーミングに

よって次々挙げていく。必ず時間制限を設け、出た意見はあとから分類しやすいように、7.5cm角などの付箋紙に書き込む。多様な意見を出すことが目的であるため、メンバーの発言を否定したり、発言の途中で判断や結論を出したりすることは控えよう。

　次に、ブレインストーミングで出された多様な意見を親和図法によって整理する。付箋紙に書かれた意見を、黒板やホワイトボード、模造紙などのうえに貼りつけ、類似するものや関連するもので分類・グループ化し、さらにそのグループ間の関係性を整理・分析する。

　最後に、出された意見を集約し、調査計画を作成したら、グループの代表者が発表する。

4 ジェンダーの視点から女人禁制をとらえる

宗教とジェンダー　社会・文化的に作られたジェンダーが性のあり方を固定し、抑圧的に働くことや差別を生むことがある。

　宗教にかかわるジェンダーについては宗教特有の問題もある。宗教は人間を超越した存在を規定し、しばしばその存在との間に封建的・支配的な関係を結ぶ。そして、その存在が、社会のなかの家父長制と結びつき、「父なる神」のように、男性として認識されたとき、「教えを説く側は男性、教えを受ける側は女性」という序列も生む。一方女性は、出産にかかわる性であることから、母性が強調され、「聖母」のようなかたちで崇拝の対象になることが多い。

　さらに宗教は、さまざまな教えや神話、儀礼などを通して、男女の区別のみならず、人種、民族、階級など、さまざまな社会的境界を線引きし、それらを権威づける力をもってきた（川橋 2004）。その境界は差別を生み、宗教がそれを正当化し、助長してきた面も否定できない。

教団組織内での女人禁制　女人禁制、すなわち、女性の立ち入りを禁じる慣行は、上述してきたような、寺社や霊山などの空間においてだけではない。女性であることを理由に、女性が聖職者や教団内の要職に就くことができないなど、教団組織内の制度上、あるいは慣習上での女性排除

も多く見られる。

　ローマ教皇を首長とする、ローマ・カトリック教会では、現在も聖職者になれるのは独身の男性のみで、女性は司教や司祭にはなれない。その理由は一般的に、イエスとその弟子である十二使徒がすべて男性であるからといわれる。たとえば、カトリック教会に属したマザー・テレサは「修道女（シスター）」であり、修道女は聖職者とみなされていない。一方、プロテスタント教会では男女ともに聖職者である牧師になることができ、英国国教会系キリスト教会である日本聖公会では、1998年に司祭、2021年に聖職者の最高位である主教に初めて女性が選出された。しかし、そのような変化がありながら、代議員や委員などの役職を含め意思決定に関与できる女性の割合は依然少ない。このように、聖域だけでなく教団組織内での女性の周縁化の改善も求められている。

女人禁制を
再考する視点　上述してきたように、女人禁制は、女性をある空間に立ち入らせないというだけでなく、宗教教団組織内の制度や慣習のなかにも見られるものである。女人禁制をめぐる問題を、ジェンダーの視点からみると、「宗教上の伝統」を理由に女性が関与できなかった慣行の多くに、実際には信仰と関係ない、家父長制的思考や男性中心主義の思想の影響があることに気づかされる。女性が霊山や社寺、祭礼の場など「文化的価値を有する場から排除されることが、現代の女性、および男性のジェンダーの認識とどう関係しているのか」（川橋 2004）を問うていく必要がある。

　さらに、ジェンダーの視点は、そもそも男性／女性という二項に分割すること自体の問題性や、そうした差異化を生み出す社会文化を問う必要性（宇田川 2003）をも喚起してくれる。性別に限らず私たちは、自分と異なるものや世の中の「常識」から外れているとされるものに対して、偏見や差別的なまなざしを向けがちだ。ジェンダーの視点を通して女人禁制の問題を再考することは、現代社会のあり方や私たちの生き方を問いなおすきっかけとなるだろう。

ワーク2

　グループディスカッションを踏まえ、女人禁制が今後どうなるか、または、どうなっていくべきかについて、自分の意見をまとめてみよう。

キーワード

霊山

　神仏を祀った神聖な山、信仰対象となる山のことをいう。古来より山岳は、神々が降臨・鎮座する場所、死者の魂の赴く場所と考えられてきた。そうした信仰から、山中に神仏を祀る場所や寺社が建立されるようになり、山が神聖な領域であると解されるようになった。

ジェンダー（gender）

　生物学的な性差をあらわすセックス（sex）に対して、社会・文化的に形成された性差のことをジェンダーと呼ぶ。ジェンダーという言葉の登場により、「男らしさ」や「女らしさ」など、それぞれの性にとって、ふさわしいと考えられている行動や役割が社会的に形成された規範であるということが明らかになった。

家父長制

　父権制ともいわれ、父系の家族制度において、家長たる男性が家庭内で絶対的な権力（家長権）をもち、家族員を支配・統率する家族形態のことをいう。また、国家や社会、組織における同様の支配構造についても用いられることがある。

ブックガイド

源淳子編『「女人禁制」Q&A』解放出版社、2005 年

　大峰山・山上ヶ岳の女人禁制解除を求める市民グループ「「大峰山女人禁制」の開放を求める会」のメンバーが執筆した書籍である。「女人禁制」を人権問題であるとする立場から、「女人禁制」問題にかかわる疑問を、Q&A 形式で解説している。大峰山の「女人禁制」のみならず、諸宗教や職業、日常生活にひそむ女性排除の歴史と現況を幅広く取り上げている。

鈴木正崇『女人禁制』講談社学術文庫、2022 年

　日本における「女人禁制」の歴史と現況について、網羅的に学べる一冊である。「女人禁制」成立の状況を歴史的にさかのぼり、歴史学や民俗学の成果に依拠しつつ、その変遷をたどっている。大峰山・山上ヶ岳の女人禁制の現状についても、近代の変遷もまじえながら紹介している。本書（原著：吉川弘文館、2002 年）の内容を発展させ、文化人類学からの考察を主軸とした同著者の『女人禁制の人類学——相撲・穢れ・ジェンダー』（法藏館、2021 年）も参考になる。

川橋範子・小松加代子編『宗教とジェンダーのポリティクス——フェミニスト人類学のまなざし』昭和堂、2016 年

　女性にとって宗教は呪縛をもたらすのか？　あるいは解放をもたらすのか？　社会問題を解決する担い手として宗教者の役割が期待される一方、宗教が温存する性差別的な考え方や制度が社会に抑圧的に働いている現状がある。本書はフェミニスト人類学の方法論に依りながら、国内外の諸宗教伝統に身をおく女性たちの宗教実践を丁寧に掘り起こしている。

第 **9** 章

「カルト問題」にどう向きあうか？
—— カルト、偽装勧誘、マインド・コントロール

塚田穂高

学習のポイント

- ✓ 「カルト」という語がもつ多義性や危うさを理解する。
- ✓ 「どの団体がカルトか」を指定するのではなく、「カルト問題」を社会問題・人権問題としてとらえ、その言動や手法の問題点を具体的に考える。

到達点

- ✓ 「カルト問題」の具体例やタイプとその広がりについて理解し、それぞれの問題点と対処法について自分の考えをもつ。
- ✓ 「カルト問題」とは、宗教がかかわる、精神の自由を侵害するような社会問題・人権問題であることを理解する。

1 「カルト」イメージの錯綜

　春先の大学構内には「カルトに注意！」の掲示が目につく。「○○教はカルト」「どの宗教も最初はカルト」「新宗教はみなカルト」などといった独断的な極論が、堂々と SNS 上などを流れてくることもある。他方で、「同級生がカルトにかかわって大学に来なくなった」「××で声をかけられたがカルトかも」「昔の友人に誘われて行ったら、執拗に勧誘された」といった事態も、大学生や若者には身近にありうるだろう。

　大学生の 61.6 ％が「宗教は、アブナイ」というイメージをもち、69.4 ％が「街

頭での布教は迷惑だから、法律で規制すべき」と答え、55.5％が「カルト対策教育が必要」と答える（井上編集責任 2015）。こうした宗教に対するネガティブイメージを強く規定しているのが、「カルト」をめぐる問題だといえよう。

　もちろん、宗教と社会の関係がそうしたネガティブなものに限られるわけではないのは本書の他章を読んでも明らかだ。だからこそ、現代社会と宗教について理解するには、この問題についても的確に理解しておく必要がある。

　「カルト問題」とは何か。それにどう向きあうか。本章では、宗教がかかわり、実際に社会問題・人権問題として立ち現れるこの問題の内実やタイプ、その問題性や対処法まで広く考えてみたい。

ワーク1

　自分にとって「これは問題だ」と思える、宗教団体（あるいはそれに類する団体）に関する言動や状況（布教方法など）を具体的に書き出してみよう。また、そのように考える理由や、それへの対処法・対応策も考えて書いてみよう（団体名まで書く必要はない）。

2 「どれがカルトか」から「カルト問題」という視角へ

「カルト」という語

「カルト（cult）」とは、もともとは祭儀・崇拝という意味であり、宗教社会学などでは教団類型のひとつを表す語でもあるが、そこに否定的意味はなかった。

　だが、1978 年に南米ガイアナで 900 名超が集団死した人民寺院事件などの諸事件を経た結果、この語は「危険な、反社会的な宗教（的）集団」といった意で用いられるようになっていった。

　よって今日では、この語を価値判断的な面を抜きにして用いることは容易ではない状況にある。

オウム真理教事件

日本社会における宗教、とりわけ新宗教や教団宗教へのイメージを決定的にネガティブなものにし、「カ

ルト」の語を拡散・定着させたのが、オウム真理教（以下、オウム）とその事件である（井上貴任編集ほか 2011、2015、櫻井 2014、渡辺 2014）。

　オウムは、教祖・麻原彰晃が 1984 年に東京の渋谷ではじめたヨガのサークルが発端である。同時代のオカルト文化・精神世界ブームの雑多な要素がその世界観を構成した。システマティックかつ強烈な修行と神秘体験は信者の心身をとらえ、全財産と生活を捧げる出家制度がとられた。

　1988 年には教団内で修行中に死亡者が出たが、「救済が遅れる」として隠蔽された。翌年には、それを知っていた脱会希望の信者を「（脱会は）悪業を犯すことになる」などとして殺害し、さらには批判側の代表的立場の弁護士を同じく「悪業を積ませないよう」に家族ごと殺害し、「ポア（転生）させた」とした。その後は、選挙出馬や多くのメディア出演などもあったが、強烈な終末論と切迫感に基づく暴力性を増幅させ、化学兵器の開発によって 1994 年の松本サリン事件、1995 年の地下鉄サリン事件へと至った。一連の事件で、死者は 29 人、負傷者は 6,600 人近くとなった。

　オウム事件を論じる際、「あれは宗教ではなく犯罪集団」という論調は強い。もちろんそうした面はあるが、他方でその宗教的側面や動機は看過できない。

　後継団体（Aleph、ひかりの輪、山田らの集団）の存在は、その証左のひとつでもある。現在でも、国内で約 1,650 人（公安調査庁 2023）が信仰を求め、集っている。「ただの犯罪集団」なら、団体の解散や首謀者の逮捕、手口の判明などにより問題は収束するだろう。だが、そうなってはいないのだ。

　オウム事件と現在もつづくその問題については知っておくべきだが、気をつけたいのは、これは極端な例だということだ。オウムのみを基準に「カルト」をめぐる問題を考えると、問題の広がりをとらえそこなう可能性がある。

「カルト問題」という視角

　本章では、「どの団体がカルトか」を指定するのでなく、「カルト問題」としてとらえる視角を提示したい。それはなぜだろうか。

　まず、「カルト」の語には強いレッテル性があるため、ある団体を「カルト」と名指しすることにはリスクがともなう。実際に（萎縮目的も含め）訴訟となった例もあれば、語の定義をめぐる不毛な水掛け論に陥ることもある。よって、

慎重になったほうがいい。だが、だからといって問題を見過ごせというのではない。その語を使わなくとも、具体的な問題点を議論していけばよいのだ。

　次に、「カルト」を仕分けきることはできない、という点である。団体名をいくら挙げたとしても、次の瞬間には別の団体のケースが起きているかもしれない。また、問題性が団体全体よりは、個別の関係性に起因するような場合もあろう。すると、重要なのはどういうパターンなり手口があるのか、その具体的な問題性を把握することのほうになる。

　また、「これらがカルト」と誰かが認定したものを、そのまま鵜呑みにしてよいのかという点もある。そうした姿勢では、「これが真理だ、定説だ」と言われたことも鵜呑みにしてしまわないか心配だ。むしろ、「〇〇はカルト」と言われた際に、「何を根拠にどういう意味でカルトと呼んでいるのか」を点検できるようになりたい。

　このように見てくると、どういう教団が、あるいはどういう信者が、どういう行動をとったときに社会問題や人権問題が起きているか、そこにどのような問題性があるかを具体的に見ていく、すなわち「カルト問題」として見る姿勢が有効であることを理解できるだろう（紀藤 2022、塚田 2012、2014、民事法研究会・日本消費経済新聞社編 2003、山口・滝本・紀藤 2015）。

|「カルト問題」の タイプと具体例 | 「カルト問題」にはいくつかのタイプがある。具体的な問題行為別の例としては、①生命の破断、②性的 |

虐待、③暴力的布教、④児童虐待、⑤金銭収奪、⑥正体隠しの詐欺的布教、という類型がある（藤田 2008）。

　①生命の破断は、オウムで顕著だったような殺傷・暴行などのケースで、宗教的動機や論理をともなって行われる。「教えに背いた」などとして集団内でのリンチに至るようなケースもある。

　②性的虐待・④児童虐待は、集団内の上下関係に基づき、「神の祝福」「教祖の命令」などの宗教的意味づけが付随する（紀藤・山口 2007）。集団の価値観に沿い、適切な教育や育児が放棄されるケースもある。子どもに対する信仰・実践の強制という面を強くもつ「宗教２世」問題も、④児童虐待との関連で考えることが必要だ。

③暴力的布教は、布教時に強圧的に心身の自由を拘束するようなケースだ。「正しい教えを広めよう」という動機が、この教えを受け入れなければ「地獄に落ちる」「罰が当たる」といった脅しにつながる。昔の友達から「久しぶりに会おう」と連絡がありファミリーレストランに行くと、実は二人一組で正面と横に座り、教えを延々と説く。施設などに連れていき、入会するまで帰さない。ゲームセンターやイベント会場などに独りでいる若者を狙うこともある。

⑤金銭収奪は、単なる自発的な「お布施」がいけないという話ではなく、社会的許容範囲を超えるような額を、「先祖の因縁の解放」「霊が苦しんでいる」などの宗教的レトリックに基づき収奪するようなケースのことである。

⑥正体隠しの詐欺的布教（偽装勧誘）は、宗教であることを明かさずに、大きな駅周辺などで「お顔に転換期の相が出ていますよ」「青年アンケートに御協力を」「自己分析に興味がありますか」などと声をかける。

なお、こうした偽装勧誘を長年にわたり全国的・組織的につづけ、それを霊感商法と高額献金へとつなげてきたのが、統一教会（現・世界平和統一家庭連合）のケースである（郷路 2022、櫻井・中西 2010）。その手口の違法性は、数多くの刑事事件・民事裁判の蓄積で明らかとなっている。2022 年 7 月の安倍晋三元首相銃撃事件をきっかけに、こうした高額献金や「宗教 2 世」の問題がマスメディアで大きく取り上げられることになった。

それ以外にも、偽装勧誘の手口は広く見られる。大学生に身近なのは、偽装サークルのケースだ。複数大学参加のスポーツ・ゴスペル・料理サークルなどで数か月以上もかけて信頼関係を構築してから、聖書の学習に入るような場合もある（櫻井編 2009）。

3　「カルト問題」への対応策をケースメソッドで考える

テーマと手法　　日本社会において、どういう教団や信者（あるいはそれに類する団体やその成員）が、どういう行動をとったときに社会的に問題と見なされるのか、そこにどのような問題性があるのか。これらを具体的に考えるためのグループディスカッションをしよう。

現場で起こる現実的な問題を検討することを目標に、具体的なケースに基づ

いてグループディスカッションをするケースメソッドという手法を用いる。

ねらい

　　　　　現代日本社会のなかで、「カルト問題」として社会的に認識される可能性のある問題状況・言動の範囲をつかむ。なぜそれを問題と考えるのか、その判断基準と対処法・対応策をみずから考えてみたうえで、他者と共有・議論することで、その現実的な解決の方途を練り上げる。

グループディス
カッションの手順

　　　　　【ワーク１】と巻末資料（統一教会に対する高額献金返還訴訟の 2012 年 3 月 29 日札幌地裁判決文の一部、第 9 章　資料）の通読は、宿題として行っておく。

　また、宗教団体やそれに類する団体にかかわるトラブル・事件の報道例などを各自で読んでおく。

　4 〜 6 人程度のグループにわかれ、グループ内で各自の【ワークシート１】の内容を互いに伝えあう。

　メンバーの【ワークシート１】の内容および第 2 節を参考にして、問題であると考えた理由、そうした状況や言動が出てくる背景、問題への対応策について話しあう。その際、「これは問題とはいえないのでは」といった、「カルト問題」の前提を問う立場でも考えてみる。

　議論の後、各グループの代表者が「これは問題がある」と思える宗教団体（やそれに類する団体）に関する具体的な状況や言動と、問題があると考えた理由、それが生じる背景、それへの対応策を発表する（団体名まで示す必要はない）。

4　「カルト問題」の核心をつかむ

精神の自由の侵害、スピ
リチュアル・アビュース

　　　　　ここまでの議論で、「カルト問題」の何が問題なのか、ある程度のコンセンサスができただろうか。まとめてみよう。

　まずは、宗教活動のなかに違法行為が含まれていたり、遵法精神を欠いている点である。宗教的信念・行為を、世俗の法より上に置くような例も見られる。

オウムの殺人正当化の論理はその最たるものだが、暴力的布教や霊的威迫に基づく金銭収奪もそうだ。また、事件や訴訟、逮捕や捜査が相次いだり、教祖が有罪・服役となっても、なんら反省せず、むしろそこに「迫害」「受難」などと宗教的意味を加えることもある。

　では、特定の法に触れなければ問題なしかというとそうではない。社会的公正さからの逸脱が挙げられる。たとえば、広く見られる偽装勧誘の例だ。宗教団体には布教の自由がある。だが、偽装勧誘は、正体も目的もコミットした場合の結果も知らせない点でフェアとはいえず、それ自体で刑事犯罪は構成しないものの、被勧誘者の側の「信仰を選択する自由」を奪っているのだ。

　こうした点は、「宗教は何かしら反世俗的なもの」「歴史が浅いから社会との軋轢があるもの」などといった弁解によって正当化されるものでは決してない。

　このような問題の核心にあるのは何か。検討してきた事例では、いずれも単に騙そうとか利益をあげようというのではなく、宗教的な動機や論理、意味づけが付随していた点に気づくだろう。はたしてオウムの凶悪犯罪は、教団内での自らの地位を上げたり、すでに犯していた罪をかくすためだけに起こされたのか。なぜ、教祖や霊能者らの言いなりになってしまうのか。なぜ、経済的に破綻してまで多額の献金をしてしまうのか。

　「自己責任」の問題では済まない。その核心には、宗教的レトリック、とりわけ宗教的脅迫によるスピリチュアル・アビューズ（精神的・霊的虐待）があり、それによって「精神の自由」が呪縛・侵害されている構造が共通して認められる（藤田 2008、2017）。マインド・コントロールが深刻な程度で行われていることをおさえておく必要がある（紀藤 2017）。だからこそ、問題は根深く、解決や回復は容易ではないのだ（櫻井編 2015）。

　　　　　　　　　　　　　　　　　以上のような諸問題は、偽装勧誘や暴力的布教の例
「カルト問題」の広範化　　　をはじめ、ごく身近に存在しうる。端的に、大学生や
若者は主たるターゲットといってもよい。だからこそ、大学はさまざまな対応をとり、こうした内容を授業などで扱い、学生もまたみずからその問題を知り、対応策を練っておく必要がある（櫻井・大畑編 2012）。

　だが、状況はさらに進んでいる。

　ひとつは、キャンパス外での展開である。キャンパス内での偽装勧誘などは大学による対策が進んでいる。よって、最寄駅とキャンパスの間での偽装勧誘や個人情報の取得など、大学側の眼が届きにくいところに展開している。

　関連して、SNS上への展開である。現在は、こちらが主戦場といってもよい。「フォロー」「リポスト」「いいね！」などを重ねることで疑似的な信頼関係を築き、遠回しの勧誘へとつなげるような手口も実際にある。動画共有サイトが入り口というケースもある。

　さらに、対象の低年齢化である。暴力的布教や偽装勧誘の対象は高校生にまで至っている。高校時代にこうした問題への対処法を聞いたり、考えたりする機会があっただろうか。社会全体での問題の共有と対策が求められる。

　最後に、じつはこうした問題は宗教、とりわけいわゆる新宗教だけに限られるのではない、という点にも注意が必要だ。宗教団体のかたちをとらない、あるいは「宗教」と名乗らないから安心だ、ということでは決してない。たとえばスピリチュアル・グループやカウンセラー、自己啓発セミナー、政治的・思想的グループ、陰謀論の共鳴者などにおいても、似たような問題が立ち現れる可能性は十分にある。あるいは、「霊」や「真理」などと言わなくとも、就活セミナー、サークル、個人関係（親子・友人・恋人）、ウェブ上の関係においてまで、似たような状況は出てくるかもしれない。問題はこれだけ拡散している。

　だからこそ、問題のパターンや特性、精神の自由の侵害・呪縛がその核心にあることなどをおさえておけば、さまざまなケースに対応できるはずだ。「カルト問題」を入口に、こうした諸問題についての感覚を磨いていってほしい。

ワーク2

　グループで話しあったことを踏まえたうえで、【ワーク1】の内容を振り返り、もう一度自分にとって「カルト問題」と考えられる言動や状況と、それへの対応策をまとめてみよう。

キーワード

カルト

　宗教社会学の教団類型のひとつとしては、あくまで「カリスマ的指導者崇拝をともなう萌芽的小集団」の意である。チャーチ（単一宗教が社会を包括）・セクト（自発的参加）・ミスティーク（個人的神秘主義）・デノミネーション（多教派並存）などの類型とともに、宗教の社会的形態を分けてとらえる視角があることもおさえておこう。

偽装勧誘

　団体名や布教目的であることを隠した組織的な勧誘行為。宗教団体には布教・勧誘する自由がある。だが勧誘される側には、宗教を選択する自由・信じない自由があるのであり、それを阻害してはならないはずだ。医療現場におけるインフォームド・コンセントや、訪問販売などにおける契約の場合などとも比べて考えてみよう。

マインド・コントロール

　主に精神医学や社会心理学などで議論される、精神操作のテクニック。「洗脳」は身体・行動が拘束されたような強制的なものだが、マインド・コントロールは一般的な対人関係や集団内などでも用いられうる。カルト問題にかかわる勧誘や教化の場面で、こうしたテクニックの応用が認められるとされる。

ブックガイド

藤田庄市『宗教事件の内側——精神を呪縛される人びと』岩波書店、2008 年

　長年、宗教取材に従事してきたジャーナリストによる迫真のルポ。オウム、統一教会、法の華三法行などを事例に、カルト問題が「精神的・霊的虐待」による「精神の自由の侵害」であることを克明に描き出す。巻末の「宗教事件関係年表」「教団・団体解説」も参照されたい。また、同著者の『カルト宗教事件の深層——「スピリチュアル・アビュース」の論理』（藤田 2017）もあわせて読んでほしい。

櫻井義秀『「カルト」を問い直す——信教の自由というリスク』中公新書ラクレ、2006 年

　日本のカルト問題研究の第一人者による入門的な新書。オウムや統一教会、摂理の例などを通して、「信教の自由」をめぐって立ち現れる諸問題と大学でのカルト問題に踏み込む。著者には関連書も多く、関心をもったテーマごとに読み進めてみよう。

藤倉善郎『「カルト宗教」取材したらこうだった』宝島 SUGOI 文庫、2013 年

　問題ある諸団体を取材してきたジャーナリストによるルポ。オウムの後継団体、幸福の科学、自己啓発セミナーなどの例から、この問題の報じ方・向きあい方を論じる。著者はブログ新聞『やや日刊カルト新聞』(http://dailycult.blogspot.com) を主宰し、情報発信を続けている。

第IV部

宗教から
多文化主義を
考えてみよう!

第**10**章

公共領域から（どれだけ）宗教を排除すべきか？
—— 政教分離、世俗主義、市民宗教

藤本龍児

✔ 公共領域に存在する宗教は、宗教団体に限らないことを知る。
✔ 第2節の各タイトル（護摩化されてきた「政教分離」、「公平」な見方、日本における「ねじれ」）の意味を考え、「宗教と公共領域」の問題点を学ぶ。

到達点

✔ 「心の中」や私的領域だけでなく、「人びとの間」や公的領域にも存在する宗教について理解する。
✔ 公共領域に宗教が存在することの危険性と重要性について、根拠をもって自分の考えを述べることができる。

1　「近代社会」に対する問いなおし

　21世紀に入ると、9.11事件をはじめ、宗教過激派による事件が欧米でも頻発するようになった。事件は幾度となく繰り返され、「異文化理解」や「寛容の精神」といった解決策が虚しく響くようになっている。そして「宗教がからむと怖い」という印象が強まり、次のような考えが広がってきた。

　宗教を「心の中」で信じ、私的に実践する人びとがいてもいい。それは「個人の自由」だ。しかし、宗教が私的領域を超え、人びとに共有される領域、すなわち公共領域に入り込んで政治にかかわり、みずからの信仰を他人に押しつ

けるようになると危ない。そもそも、近代社会で宗教を持ち出そうとしていることじたいが時代遅れだ、と。

　しかし、世界の動向を大きく展望すると、そうした「近代社会」に対する認識や考え方のほうが時代遅れなのではないか、とも考えられる。世界では宗教の存在感が増し、その重要性も見なおされるようになってきた。宗教過激派による事件は、世界的な宗教復興の一部にすぎない。この章では「宗教と公共領域」について見ていき、宗教の危険性と重要性について考えていこう。

ワーク1

(1)宗教団体が、社会、政治、文化などの公共領域に存在する事例（ロシア正教、公明党、「信仰に基づくイニシアチヴ」など）を調べ、次の2つに分けてみよう。
　①「公共領域からなるべく宗教を排除したほうがよい」と考えられる事例
　②「公共領域からあまり宗教を排除しないほうがよい」と考えられる事例
(2)宗教団体以外の事例（イスラームのスカーフ、公教育における宗教、「おかげさま」など）も、同様に調べ、分類してみよう。
(3)複数の事例を調べた後、①②のどちらを重視するかを決め、1つの事例を自分で選んで詳しく調べ、それを重視する根拠を書き出そう。

＊上記の事例をインターネットで検索することからはじめよう。自分が納得できる根拠が述べられているものを見つけることが大切である。第2・3・7・11・12章などの事例も参考にすること。

2　護摩化されてきた「政教分離」

　　　「公平」な見方

　これまで日本では、近代社会の成り立ちや原則について、おおよそ次のように教えられてきた。ヨーロッパでは宗教改革をきっかけに、16世紀中頃からキリスト教が分裂して争うようになり、そこに政治権力がかかわって宗教戦争がつづいた。西欧社会は、その負の歴史を反省し、政治と宗教を分離させることで近代社会を成立させた。ゆえに現在の欧米諸国は、「政教分離」を普遍的な原則とし、またそれを厳格にするように努めることで「信教の自由」を実現している、と。しかし、事実

は大きく違っている。

　一般に、欧米における政治と宗教の関係は、とりわけ国家と教会という制度的な関係に注目して、おおよそ次の3つに分類される。

　第一に、国家が、特定の教会を保護し支援する「国教」制がある。代表的な例として、イギリスでは現在でも、国王がイギリス国教会の首長をつとめている。しかも、国教会の高位聖職者は、貴族院に26の議席をもっていて、国政にも参加する。この類型には、フィンランドやアイスランドなどの北欧諸国、デンマークやギリシャなども入れられる。

　第二に、国教制は採らないものの、1つあるいは2つの教会を公認して優遇したり特権を与えたりする「公認宗教」制がある。国家と教会それぞれの独立性を認めたうえで「政教条約（concordat）」をとりかわし、それぞれの担う領域が重なる場合には協調して取り組む。代表的なドイツでは、カトリックとドイツ福音主義教会が公認され、それらの運営資金となる教会税が国によって徴収される。また公立学校においては、宗教が正規の科目として定められている。この類型には、イタリアやスペインなどが入れられる。

　第三に、政治と宗教の関係をいっさい認めない「厳格分離」制がある。代表的なフランスでは、公共領域から宗教を排除する「ライシテ」の理念が展開されてきた（第11章参照）。この類型には、アメリカや日本、トルコなども入れられる。

　以上を公平に見るだけでも、欧米に厳格分離制の国はほとんどないとわかるだろう。また大半の国には、キリスト教を理念とする政党が存在し、政権につく場合もある。ドイツで2005年から長期政権を担っていたメルケル首相は「ドイツキリスト教民主同盟」の党首であった。国教制や公認宗教制など、制度によって政治や公共領域と宗教の関係を認めている国でも「信教の自由」が侵されているとは考えられていないのである。

　第三の類型に入れられているアメリカでも、歴代の大統領は必ず神に言及しながら演説するし、宗教勢力は大統領選を大きく左右する。また逆に、ライシテを掲げるフランスでは、イスラームのスカーフが排除され、ムスリムの信教の自由が侵されている、という強い批判が生じている（第11章参照）。

　こうしたことを考えあわせると「信教の自由」は共通してめざされているが、

その実現に厳格な「政教分離」は必要条件とされていないし、両者が衝突する場合さえある、ということがわかるだろう（カサノヴァ 2011）。

日本における「ねじれ」　日本では一般に、政教分離違反は、そのまま憲法違反として語られる。ところが「政教分離」という言葉は、憲法には明記されていない。ゆえに、憲法学のテキストを読み比べてみても、説明が多くの点で異なり、議論が紛糾していることがわかる。

　第一に、何と何の分離か、という問題がある。一般には、「政治と宗教」の分離と考えられているが、「国家と宗教」「政府と宗教」「国家と宗教組織」などの説もある。第二に、どれほどの分離なのか、という問題がある。一般には、なるべく厳格にしたほうがよいと考えられている。しかし「完全分離」は適切ではない、とする「限定分離」説もある。第三に、それが「信教の自由」とどうかかわるのか、という問題がある。一般には、両者は明確には区別されていない。しかし学説では、政教分離そのものが目的であるとする説と、それはあくまで手段であり、信教の自由を保障するための制度だとする「制度的保障説」がある。後者によれば、「信教の自由」が守られる限り、政教分離はゆるやかに解釈されることになる（芦部 2023 など）。

　一方、実際に最終的な判断をくだす最高裁判所においては、すでに 1977 年の「津地鎮祭事件」で、おおよその規定が示された。この事件は、三重県の津市が、市立体育館を建設する際に行った地鎮祭をめぐって争われたものである。そこでは「元来、政教分離規定は、……国家と宗教との分離を制度として保障することにより、間接的に信教の自由の保障を確保しようとするものである」とされた。分離されるのは「国家と宗教」とされ、制度的保障説が採用されているのである。しかも、宗教を「信仰という個人の内心的な事象」だけでなく「きわめて多方面にわたる外部的な社会事象」としてとらえ、「完全分離」は実際上不可能に近い、とされた。

　たしかに、宗教にかかわる補助金など許されないとなれば、神社・仏閣・仏像などの文化財を保護できないし、宗教系の私立学校への助成ができなくなり、宗教を理由とした差別が生じる。あるいは、刑務所などにおける教誨（受刑者と対話することで精神的なケアを行う宗教活動）などが認められなければ、受刑者の

信教の自由が制約されることになる（藤本 2021：第4章）。

　また、立憲主義の原則からすれば、憲法が規制の対象としているのは「国家権力」であって「宗教団体」ではない。したがって憲法は、国家権力が特定の宗教を国民に強制することは禁じているが、宗教団体が特定の政党を支援することは禁止していない、ということになる。

　以上のことを踏まえれば、日本で近代社会の前提とされてきた「政教分離」は、「事実」に対する偏見や、「理念」に対する曖昧な解釈を隠しもったまま金科玉条とされてきた、ということがわかるだろう。しかしもちろん、だからといって、政治と宗教は無制限に結びついてよい、とはいえない。かくして、「宗教と政治」ひいては「宗教と公共領域」については、どのようなかかわりであれば認められるのか、ということが問題になるのである。

3 「公共領域における宗教」についてのグループ討論

テーマと手法 ｜ 「公共領域における宗教」の問題を「事実の確認」と「論点の整理」を通して理解する。

ねらい ｜ この問題は、「異文化理解」や「寛容の精神」だけでは対処できない多様な側面をもっている。なにより、近代社会の「理解の枠組み」や「寛容のあり方」にも、「近代的なものは優れている」という自文化中心主義や、そこから外れるものを野蛮だとして排除する排外主義が潜んでいる。そもそも「政教分離」も、異なる宗教や文化に理解を示し、ひろく受け容れるためのもの、とされてきた。「政教分離」や「ライシテ」をはじめ、近代的な解決策がもつ問題点について考えることが本節のねらいである。

グループ討論の手順 ｜ あらかじめ宿題として、第4節1項を読んだうえで【ワーク1】をやっておく。そのうえで、以下の①②のどちらの立場にたつかを挙手などで示し、両方の立場がバランスよく混在するようなグループ分けをする。ここで肝腎なのは、学生が自分自身で立場を判

断することである。

①「公共領域からなるべく宗教を排除したほうがよい」と考える立場。

②「公共領域からあまり宗教を排除しないほうがよい」と考える立場。

次に、グループ内で司会と書記を決める。

1巡目に司会は、順にメンバーを指名し、【ワーク1】について報告させ、論点を整理しながら、一人ひとりの報告をまとめる。書記は、報告と論点を書きとめながら、各メンバーに「まとめ」が適切かどうか確認をとる。指名されたメンバー以外は、後でコメントをするために聞くことに徹し、メモをとる。

2巡目に司会は、順にメンバーを指名し、他のメンバーの報告について、感想や質問をひとり1つずつコメントさせる。このときにコメントへの応答は行わない。書記は、1巡目と同様に各コメントの「まとめ」をつくる。

3巡目に司会は、順にメンバーを指名し、他のメンバーから質問を受けた者はそれに応答し、受けなかった者は、他の質問や応答に対してコメントする。

最後に、グループごとにもっとも議論になった事例を①②それぞれ1つずつ挙げ、論点を発表する。その後、時間があれば全体討議を行う。

4　「公共領域における宗教」の危険性と重要性

「公共領域における宗教」をめぐる事例と根拠　【ワーク1】にそって話を進めよう。(1)宗教団体の事例としては、次の2つが挙げられるだろう。

アメリカの「宗教右派」は、1980年頃から共和党に大きな影響力をもつようになった。2016年の大統領選挙でも、党の綱領に「同性婚反対、中絶反対、聖書による教育」などを盛り込むことに成功している。宗教の危険性は、政治権力と結びつくことで生じるのではないか、と考えられる。

一方、日本の東日本大震災のときには、宗教者が独自のネットワークを使ってボランティア活動を支援し、義捐金を集め、施設や所有地を無償貸与した。また宗教団体ならではの追悼や慰霊など、宗教宗派を超えた「祈りの場」や「心のケア」の場所を設けた（第15章参照）。宗教の重要性は、「他者との絆」や「死者とのつながり」など、近代国家の枠組みから外れたところで連帯感を形づくる点にあるのではないか、と考えられる。

(2)宗教団体以外の事例としては、次の2つが挙げられるだろう。

戦前の日本では、国家と神道が結びついて国民の信教の自由や思想の自由を侵害した。そこでは、神社組織が特別扱いされたということにとどまらず、広く「宗教的なるもの」が、政治や教育、社会などの公共領域を覆っていた。宗教の危険性は、国家をはじめ公共領域に浸透することで、個人の自由を脅かすことにあるのではないか、と考えられる（島薗 2010）。

一方、現在の日本でも食前に手をあわせて「いただきます」と言う慣習がある。これには、食べ物を作ってくれた人びとだけではなく、自然の恩恵に対する感謝が込められている。他の生き物の「いのちをいただく」ことで自分のいのちをつないでいる、という宗教的観念が含まれているのである。宗教の重要性は、いのちや死など、近代科学の論理におさまらない問題に対応し、倫理観を育む点にあるのではないか、と考えられる。

| 「世俗主義」の見直し | これまで「政教分離」の理念を積極的に語ってきたリベラル派の思想家や研究者も、近年では、あらためて新たな政治と宗教の関係を築こうとしている。それは、多様な宗教の共存をはかるためばかりではなく、欧米の市民社会に内在する問題に対処するためでもある。ここでは、公共性理論の第一人者でもあるJ.ハーバーマスの議論を紹介しよう。

ハーバーマスは今世紀に入る頃までは、時代が進めば宗教は衰退する、と考える「世俗主義」の立場をとっていた。しかし、世界各地の宗教復興を直視すれば、たんに宗教は衰退しているとはいえない。また宗教の活性化を、近代化や進歩の過程における反動現象として片づけるわけにもいかない。そこでハーバーマスは、現代社会を「ポスト世俗化」社会と呼ぶようになった（ハーバーマス 2014）。

そして、宗教の重要性を、グローバル資本主義のダイナミズムのなかで露呈してきた「民主主義の機能不全」と関連させて論じている。グローバル経済に翻弄される現代人は、政治的な無力感にさいなまれている。また、自由競争と自己責任が強調されるなかで、自己利益のみを求めて権利を争うようになっている。つまり、政治に参加するための「動機」や「連帯感」を減退させている

のである。

　民主国家が機能するには、国民が政治的知識や合理的判断力をもつだけではなく、倫理観や連帯感をもって、問題意識や課題を共有しなければならない。ハーバーマスは、それらのための「文化的資源」を重視するようになり、とりわけ宗教の独特の可能性に注目した。宗教的な語りは、人びとが共生する場合に重要でありながら、なかなか表現や伝達が難しい倫理的直観や道徳的洞察を、わかりやすく説明し、納得させる力をもっている。宗教は、教義や儀式だけではなく、生活や人生すべてに結びつくことで意味や動機の源泉となるのである。そのように多くの人びとに共有されて機能する宗教は「**市民宗教**」や「公共宗教」と呼ばれる（藤本 2009）。

　文化的資源は、世俗主義では救いだせない。宗教をあらためて現代社会に位置づけようという試みははじまったばかりであり、課題も多い。まずは「宗教と公共領域」に対する従来の偏見や考え方を改めることからはじめなければならないだろう。

　【ワーク1】について、グループ討論でまとまった意見のポイントと、それについてのあなたの見解を書こう。

キーワード

政教分離（separation of church and state）

　日本では、「政教ノ異ナル、固ヨリ混淆スベカラズ」という島地黙雷の言葉（明治 5 年）にさかのぼって説明されることが多い。しかし初出は、1948 年の田上穣治『新憲法概論』である。この言葉自体は、日本国憲法第 20 条と第 89 条の前段を指示するための概称であり、憲法には明記されていない。戦後、アメリカに大きな影響を受けながら近代的な理念として説明されてきた。アメリカでは、T. ジェファソンの書簡（1802 年）に起源があるとされるが、やはり憲法には明記されておらず、1947 年のエヴァンス判決で初めて注目された。

世俗主義

　一般に、宗教に対して世俗を優先させる考え方のことであるが、一様ではない。「宗教は不合理なもので近代社会には不要・有害である」という宗教観や、「宗教は近代化が進めば衰退していく」という歴史観、あるいは「宗教性は私的領域に限定されるべき」という政治観などとして現れる。

市民宗教

　1967 年、宗教社会学者であり社会哲学者でもある R. N. ベラーは、独立宣言や憲法、大統領の就任演説、公教育などを分析し、私的な宗教とは別に、社会全体を覆い、文化体系の一部となっている宗教的象徴体系が存在している、ということを明らかにした。これを、ルソーの『社会契約論』における言葉を借りて「市民宗教」と呼んだのである（ベラー 1973）。

ブックガイド

森孝一『宗教からよむ「アメリカ」』講談社、1996 年

　R. N. ベラーの「市民宗教」を「見えざる国教」と読みかえ、アメリカの「公共領域における宗教」を具体的にとらえた著作。「政教分離」の理念をはじめ、多くの日本人が誤解している宗教の問題を、わかりやすく解説している。

藤本龍児『アメリカの公共宗教──多元社会における精神性』NTT 出版、2009 年

　「市民宗教」を「公共宗教」と読みかえ、その観点から多元社会アメリカをとらえなおした著作。ニューエイジ運動、リヴァイヴァル運動、原理主義、宗教右派などの宗教現象と、個人主義、共同体主義、新保守主義、多文化主義などの「社会思想」とをあわせて論じている。

ハーバーマス、J.／テイラー、C.／バトラー、J. P.／ウェスト、C. 著、メンディエッタ、E.／ヴァンアントワーペン、J. 編『公共圏に挑戦する宗教──ポスト世俗化時代における共棲のために』箱田徹・金城美幸訳、岩波書店、2014 年

　現代の社会哲学者たちによる「公共圏における宗教の力」についての論考や討論を収録。世俗主義の再検討など、近代社会を宗教的観点から根本的に見なおし、今後の大きな課題が示されている。

第11章

ヴェールはなぜ問題となるのか？
── オリエンタリズム、ポストコロニアル、フェミニズム

猪瀬優理

1　イスラームをめぐる社会状況

　近年、イスラームをめぐる社会状況は極度に緊張が高まっている。欧米諸国にとってイスラームを脅威とみる歴史は長いが、2001年のアメリカにおける9.11同時多発テロ事件とそれ以降の動きはイスラームへの脅威と反感をさらに増幅するきっかけとなった。

　一方、イスラーム側も西欧諸国による植民地支配の影響をひるがえす手段として、シャリーア（後述）を復権して、社会の秩序体系を再構築しようとする潮流を高めている。イスラーム復興といわれる現象は世界的に見られるが、必

ずしも「過激化」や「原理主義化」を意味しない（荒木 2022）。本章のテーマであるヴェール着用は、イスラーム・ナショナリズムの見地に立てば、伝統的な文化・慣習・価値観の防衛を象徴するものとなりうるが、ヴェールを着用する個々の女性たちにとっての意味は多様でありうる（アハメド 2000、アブー＝ルゴド 2018 など）。

　2020 年代の世界のムスリム（イスラーム教徒）人口は、約 18 億人と世界人口の約 24 ％を占め、着実に増加しており、最大のムスリム人口を有するインドネシアでは人口の 9 割近くがムスリムである（嶺崎 2022）。日本のムスリム人口は、2019 年末の推計で滞日外国人ムスリムは約 18 万人、日本人ムスリムは約 5 万人と推計され、第 2 世代の子どもや若者が増えている（店田 2021）。

　ムスリムが増加しているとはいえその割合が少ない地域社会では、その実情について得られる情報に偏りがある。私たちが抱いているイスラームに対するイメージも、メディアなどによって作られたものかもしれない（第 1 章参照）。

　この章では、私たちが抱いているムスリム女性のヴェールに対するイメージについて考えることを通じて、**オリエンタリズム**について学ぶことにしよう。

ワーク1

　「ヴェールを被ったムスリムの女性」に対してあなた自身が抱くイメージ、およびそのように考えた理由を書こう。

2　ヴェールをめぐる論争

オリエンタリズムとは　E. W. サイードの名著『オリエンタリズム』（原著の刊行は 1978 年）は、ヨーロッパのイスラーム文化に対する態度のありようについて書かれたものである。サイードは、それを「オリエンタリズム」と呼んで批判的に検討し、**ポストコロニアル論**に大きな影響を与えた。

　オリエンタリズムとは、簡潔にまとめれば「東洋」を「西洋」とは異なるものとして区別し、「西洋」を優位に「東洋」を劣位に位置づけることを通して、

「西洋」が「東洋」を支配する前提を作り出す言説である（サイード 1993）。

　「西洋」にとって、都合のよいイメージを作り上げ、支配・威圧する必要のある「東洋」とは、第一にイスラームであった。イスラームに対する具体的な態度のありようは、各地域によって多様性・個別性があるが、そこにはサイードが指摘した問題性が共通して含まれてもいる。

イスラームにおけるヴェール

イスラームとは「唯一神に帰依すること」を意味する。イスラームを実践する者となるには、神とその預言者としてのムハンマドを信じるなどの内面的信仰を、神の与えた行動指針にしたがった生活行動を通して示していくことが求められる（六信五行）。預言者を通じて与えられた神の言葉「クルアーン（コーラン）」、また、預言者ムハンマドの言行録「ハディース」などが行動指針であるシャリーアのもととなる。

　シャリーアは日々の人間の行為を、義務行為（ワージブ／ファルド）、推奨行為（マンドゥーブ／スンナ）、許容行為（ムバーフ）、忌避行為（マクルーフ）、禁止行為（ハラーム）に分けてとらえており、ムスリムは日々、義務行為を行い、推奨行為をできる範囲で行い、忌避行為をできるだけ避け、禁止行為を行わないように努める（嶺崎 2022）。イスラーム社会では、宗教的規範から影響を受けない行動領域はないため、政教分離（⇒第3章・第10章キーワード）の発想がなじまない。

ヒジャブ

　ムスリム女性のヴェールの着用については、クルアーン第24章31節に「また女の信仰者たちに言え、彼女らの目を伏せ、陰部を守るようにと。また、彼女らの装飾は、外に現れたもの以外、表に現してはならない」（中田監修ほか 2014）などと記載されている。

　シャリーアでは性別ごとに覆うべき身体の部分が定められており、男性はへそから下まで、女性は顔と手のひら以外の部分、足のくるぶしより下までの部分を覆うが、礼拝や巡礼などその場により求められる程度

ブルカ
（ともに，ヨブケ 2015）

が異なる（嶺崎 2022）。具体的な解釈には時代や地域などにより見解の相違が
あるため、頭髪だけを隠すヒジャブ、頭部から身体まで隠すブルカなどヴェー
ルの形態は多様である。

フランスにおけ
るヴェール論争

　フランスは、ヨーロッパのなかでももっとも厳格な
政教分離であるライシテを掲げる国である。ライシテ
は、公的領域と私的領域を厳密に区別し、宗教的なものを私的領域に属するも
のとする（第 10 章参照）。そのため、公的空間におけるムスリムのヴェール着用
がライシテに反すると解釈されていることが、フランスにおいて激しい論争に
まで発展した要因のひとつといえる。しかし、フランス在住ムスリムの大半は
ライシテを支持・受容していると指摘されている（ヨプケ 2015）。
　ではなぜ、論争になるのだろうか。
　フランスにおけるヴェール問題は、1989 年の事件を端緒として 2000 年代に
入り大論争へと発展した。1989 年の事件とは、公立中学校にヴェールを身に
着けて登校したムスリムの生徒に対し、校長がヴェールを取ることを命じ、そ
うでなければ授業への出席を拒むとしたために、生徒の両親やムスリム移民た
ちと対立したものである。この時点ではフランス政府は、公立校でのヴェール
の着用はライシテに矛盾しないとの通達を出している。
　2003 年に現代にふさわしいライシテのあり方を広く議論することを目的と
した委員会が設置されたが、最大の争点は学校におけるヴェールの着用をめぐ
る問題であった。2004 年には、公立学校における宗教的標章を禁じる法律が
制定された。イスラーム以外の宗教的標章も対象であるが、通称「スカーフ禁
止法」あるいは「ヴェール禁止法」などと呼ばれる（森 2007、伊達 2018）。2010
年には「公的な場で顔を隠すことの禁止に関する法律」（通称「ブルカ禁止法」）も
制定されている。ただこの法律は、公共空間全般において、成年に達した女性
が特定の服装を選ぶことを禁じる内容が含まれていることから、ライシテの法
律ではなく「公的秩序」という観点から正当化されたものであるとの指摘もあ
る（伊達 2018）。

ヴェール禁止
を支える論理

　「ヴェール禁止法」は、表向きには公的空間におけ
るあらゆる宗教的シンボルの掲示を禁止するものだが、

事実上、イスラームのヴェールがその焦点となっている。

　ヴェール禁止は信教の自由を保障するライシテからも逸脱しているが、これを正当化する論理として**フェミニズム**あるいは男女平等の理念が用いられる（スコット 2012、伊達 2018）。ヴェールを女性に対する抑圧の象徴としてみる立場に立てば、ヴェールへの反対は自由を尊重した行為と受け取られるからである。そのためヴェールへの反対はライシテやフェミニズムを隠れ蓑にした排外主義の表れとみる見方もある（李 2016）。一方で、フランス国家の論理では、自国の共和主義という価値を守るための必要な措置として認識されている側面もある（ヨプケ 2015）。

　ムスリム女性のなかにはみずからの意志・信仰心からヴェールを被ることを選択した人もいれば、家族や社会体制の強制を受けて被る人もいる。ヴェールを女性抑圧のシンボルと見なす見方に反対する人もいれば、賛同する人もいる（アハメド 2000、後藤 2014、嶺崎 2015、メルニーシー 2003）。一方、法律などによって公共空間でのヴェール着用を規制される場合もある（伊達 2018、帯谷 2022）。ムスリム女性の状況や考えが多様であるにもかかわらず、ムスリム女性自身の声を聞き取るという動きはほとんどなかったとされる（森 2007）。女性たちの声が聞き取られなかった背景にはオリエンタリズムに内包されるもう1つの問題があるが、この点は第4節で述べよう。

　自由と平等を重視する現代フランスで見られるイスラームに対する排除の動き。このような問題はなぜ起こるのか。解決することは可能なのだろうか。

3　日本でのヴェール問題をめぐるケースメソッド

テーマと手法　日本においてムスリム女性に起きた実際の問題について取り上げ、このような問題が生じる要因・背景を整理したうえで、解決策を検討しよう。

　現場が抱える現実的な問題を検討することを目標に、具体的なケースに基づいてグループディスカッションするケースメソッド（第9章参照）という手法を用いる。

ねらい

ヴェール論争が起こる要因とその解決策について議論することを通して、その背景にあるオリエンタリズムとそれを乗り越える方法について考える。

グループディス
カッションの手順

【ワーク1】を行った後、巻末資料「ヒジャブを着る、私らしく　違いを誇りに、他の子のためにも　金沢で育った、ムスリムの17歳」(第11章　資料) を各自で読む。このとき、記事を読んでから考えたこと、気づいたことを【ワーク1】に加えてもよい。資料の通読と【ワーク1】は、宿題として行うとより充実した議論が可能となるだろう。

　次に、4～6人程度のグループにわかれ、グループ内で各自の【ワーク1】の内容を互いに報告しあう。

　報告が終わったら、各自の【ワーク1】の内容、および第2節を参考にして、資料で示したケースのような問題が生じる要因と、同様のケースが生じた場合の解決策について話しあう。資料のケースでは一定の解決をみているが、生徒、その家族、地域社会、学校教員、教育委員会、部活動の関係者などの状況の違いによって、問題の展開が異なってくる可能性についても考えてみてほしい。

　議論の後、各グループの代表者が問題の生じる要因と解決策を発表する。

4　オリエンタリズムを超えて

植民地支配の歴史と
ポストコロニアル

ヴェール論争の背景には、植民地支配の歴史がある。フランスはかつて、アジア・アフリカの広い地域を植民地としていた。なかでもアルジェリアはムスリムの多い国であり、その支配は130年の長きにわたった。フランス支配からの独立を求めたアルジェリア戦争 (1954～1962年) では、独立までの間、主にアルジェリア側に多数の犠牲者を出す壮絶な戦闘が行われた。この戦争のなかで、ヴェールが象徴的な役割を果たした。

　戦争開始以降、フランス兵が侮辱を目的にムスリム女性のヴェールを引き剝がす行為が頻発していた。ムスリム側の抵抗が激しくなる状況下、フランス側

がある集会を行った。この集会では「儀式」として、ヴェールを被ったムスリム女性たちが壇上に立ち、集会に集まった大衆の面前で、フランス人女性の助けを借りて、ヴェールを脱ぎ捨てた。これは、イスラームのもとで抑圧されている女性たちを自由の国フランスが救いの手を差し伸べ解放した、という演出であった（森 2007）。フランス側からは栄誉ある行為となるが、ムスリム側からは自分たちの価値観や尊厳を踏みにじられた行為となる。

　「女性抑圧」という「非近代性」の象徴としてのヴェールは、自由・平等・友愛を理念として成立した国家であるフランスが植民地支配を正当化する方便として用いられた。時代遅れのムスリム男性による抑圧から、進歩したフランスがムスリム女性を救い出す、という「正義」をかざしたのである。ここにはオリエンタリズムの表れがある。

　現代社会は、植民地主義のもとで支配された経験をもつ地域が独立を勝ち取ったのちも、その影響から免れえない、ポストコロニアルな状況にある。植民地支配の歴史は、支配されていた国・地域のみならず、支配していた国・地域にも大きな影響を与えている。ヴェール論争はその一端といえる。

日本におけるムスリム

日本でもムスリム女性のヴェールに対しては抵抗が少なくない。日本に暮らすムスリムたちが日本社会で経験したエピソードを多数紹介している本では、日本企業に就労するインドネシア人ムスリム女性のヴェールが基本的には職場に受け入れられている一方で、日本人ムスリム女性は、食事などの配慮は受けつつも、勤務中のヴェール着用を社長から認められていない状況が紹介されている（佐藤 2015）。背景にはイスラームに対する偏見があると考えられる。

　日本はイスラームを他者として認識する視点をもつ一方、西洋からは東洋として見なされるという立場にあり、さらに他国を植民地支配した国のひとつである。当然ながら日本もオリエンタリズムと無縁ではなく、ポストコロニアル状況のなかにいるものとしてみずからの立ち位置を考えなければならない。

オリエンタリズムが内包する家父長制

ところで、ムスリムには男性もいるのに、ヴェール論争では女性のみに焦点が当たることに疑問をもった

人はいるだろうか。ここに注目が集まるのは、単にヴェールを被るのが女性だけであり、目立つからではない。支配―被支配の関係性を正当化する道具となるオリエンタリズムのなかに、西洋中心主義だけでなく、男性中心主義、家父長制（⇒第8章キーワード）が内包されているからである。「イスラームでは女性の地位が低い、イスラームでは女性が抑圧されている」といったイスラームにかかわるジェンダー化された言説はこの具体的表れであり、ジェンダー・オリエンタリズムと称される（嶺崎 2015、アブー＝ルゴド 2018）。

　その背景には進歩した優位にあるとみるものを男性と同一視し、時代遅れで劣位にあるとみるものを女性と同一視する見方がある。こうした西洋におけるジェンダー観は、他の多くの国・文化にも、ジェンダー不平等の構造を見出すことを可能にする。ジェンダー・オリエンタリズムはそれを利用することで、国・文化間の優劣関係を強化する見方である。つまり、「女性の地位が低い」という共通点を「西洋」と「東洋」が持っているからこそ、「西洋」が優位、「東洋」が劣位とされるオリエンタリズムが成り立つのである。ジェンダー・オリエンタリズムが成立しうるのは、「西洋」も男女不平等であり「女性の地位が低い」社会だからなのだ。

　そして、劣位に置かれた側の国・文化のなかにいる女性たちは、対立の矢面に立たされながらも、その意思を顧みられることのない不利な立場に立たされがちである。イスラームにおける女性の問題はポストコロニアルな社会におけるオリエンタリズムのなかにある。しかし、イスラームのなかで生きる女性たちはそれぞれに豊かな多様性と主体性をもって生きており、欧米のフェミニズムとは異なる、イスラームの教えにのっとった女性の地位向上を訴えるイスラーム・フェミニズムも盛り上がりを見せている（鷹木編ほか 2020、鳥山 2018）。

　ポストコロニアル状況のなかで、オリエンタリズムを超えていくために必要なことは何か。現代に生きる私たちには人びとの間にある不均衡・不公正を見抜く視点をもち、考えることが求められている。

ワーク2

　グループディスカッションを行った結果、あなたのグループでまとまった意見（要因と解決策）と、それに対するあなたの見解を書いてみよう。

キーワード

オリエンタリズム

　相手を自分とは異なる劣ったものと見なすことで、自分を相手とは異なる優れたものとして見出す言説である。この「相手」は実態に基づいたものではなく、望ましい「自分」を作り出すためのフィクションなのである。西洋／東洋、男性／女性などの不均衡な関係性の背景にはこのような言説がある。

ポストコロニアル

　"ポスト"という接頭辞には、植民地支配を受けていた地域の独立を境に状況を分けてとらえるという視点がある。しかし、そのように分けることによって、先進国による保護や援助というかたちで間接的な支配が独立後なおもつづく「新植民地主義」の現実を隠蔽してしまうという批判もある。

フェミニズム

　女性に対する差別や抑圧の是正を求める思想であり運動である。具体的な主張にはリベラリズムを重視するもの、ポストコロニアルの視点を重視するものなど、矛盾や対立も含む多様な立場がある。フェミニズムはそれぞれの立場・方法から宗教の伝統を再考するように迫っている。

ブックガイド

サイード、E. W.『オリエンタリズム（上・下）』板垣雄三・杉田英明監修，今沢紀子訳、平凡社ライブラリー、1993 年

　「オリエンタリズム」という概念を、西洋と東洋を区分し、優劣関係を形成し、維持しようとするものの見方として批判的に論じた。ポストコロニアル理論の先駆けとなった同書の内容には、さまざまな批判も寄せられ論争を生んだ。

ライラ・アブー゠ルゴド『ムスリム女性に救援は必要か』鳥山純子・嶺崎寛子訳、書肆心水、2018 年

　個別には多様な状況にあるムスリム女性を一面的に「抑圧された者」とみて、自らを省みることのない現代の欧米社会におけるジェンダー・オリエンタリズムを鋭く批判する。ムスリムの多様な状況を知る書としては、長沢栄治監修「イスラーム・ジェンダー・スタディーズ」シリーズ（明石書店、2019 年〜）がある。

ヨプケ、C.『ヴェール論争──リベラリズムの試練』伊藤豊・長谷川一年・竹島博之訳、法政大学出版局、2015 年

　イスラームをリベラリズムに対する挑戦とみて、リベラルな国家がイスラームを受容する方策を、フランス、ドイツ、イギリスのヴェール論争を比較検討することから論じている。ヴェールを「アイデンティティの鏡」ととらえている。

第**12**章

日本社会は移民とどう向きあうのか？
── 入国管理法、多文化共生、エスニシティ

白波瀬達也

学習のポイント

✓ 日本でも外国からの移民が増加している状況、これらの移民がそれぞれの宗教文化を
　もって暮らしている状況を知る。
✓ 日本の移民政策の特徴、および日本の地域社会における移民受け入れの特徴を知る。
✓ 移民の具体的な生活と、日本社会の異文化への対応のあり方を知る。

到達点

✓ 日本においても宗教的な多元化が生じていることを理解し、説明することができる。
✓ 日本の移民政策、日本の地域社会の移民との接し方の現状と課題について説明できる。
✓ 日本に暮らす移民と適切に向きあうためには、それぞれの宗教的背景について知る必要
　があることを理解する。

1 日本における移民の増加

移民の多様化

　グローバル化はモノやカネだけでなく、ヒトも国境を越えて行き来する現象である。法務省によれば、2022年末の時点で日本の在留外国人数は約308万人となっており、1959年の調査開始以来、最多を記録した。第二次世界大戦以降、日本で暮らす移民の中心は旧植民地出身者であり、韓国・朝鮮籍が大半を占めていた。しかし、1980年代に入ると就労や結婚を目的とした新しいタイプの移民の割合が上昇した。そして今日、移民の出身国は多様化している（図12-1）。

　なお、移民とは生まれ育った国を離れ、自国以外の国で暮らしている人やそ

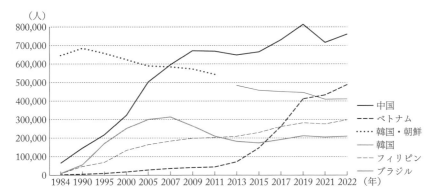

図12-1　主な国籍地域別在留外国人の推移
（出入国在留管理庁編 2023，法務省入国管理局編 2015より）

（注1）2011年末までは外国人登録者数のうち中長期在留者に該当しうる在留資格をもつ者及び特別永住者の数，2012年末以降は中長期在留者に特別永住者を加えた在留外国人の数。
（注2）2011年末までの「中国」は台湾を含んだ数であり，2012年末以降の「中国」は台湾のうち，既に国籍・地域欄に「台湾」の記載のある在留カード及び特別永住者証明書の交付を受けた者を除いた数。
（注3）2011年末までは，韓国と朝鮮を合わせて計上しているが，2012年末の統計からは，「韓国」と「朝鮮」を分けて計上している。

の子孫のことを指す（永吉編 2021）。日本では外国籍者を在留外国人数として把握しているが、それ以外にも帰化した外国生まれの市民も移民に含まれる。

「多文化共生」
概念の広がり

　労働力不足が深刻化していた1990年、日本政府は入国管理法（正式には「出入国管理及び難民認定法」）を改正・施行し、在留資格の整備・拡大と不法就労者への対策を進めた。その結果、合法的な滞在資格をもつ単純労働分野の外国人が増加した。なかでも大きな影響を及ぼしたのが南米出身の日系人で、その数はまたたく間に数十万人という規模に達した（梶田 2002）。

　移民の急増にともなって、1990年代以降、「多文化共生」というスローガンが市民運動で用いられるようになり、2006年以降は国の政策としても積極的に推進されている（塩原 2012）。総務省は多文化共生を「国籍や民族などの異なる人々が、互いの文化的ちがいを認め合い、対等な関係を築こうとしながら、地域社会の構成員として共に生きていくこと」と定義している（総務省 2006）。

　ここであらためて考えてみたいのは、「文化」と呼ばれるものと宗教との結

びつきである。宗教は移民の価値観や行動様式に少なからず影響を与えている
し、移民の多様化は、日本の宗教の多元化を促している。このことを考慮する
ならば、彼らの信仰を理解することは多文化共生をより深く理解する一助にな
るだろう。

ワーク1

　移民の信仰に関する新聞記事や論文を調べ、その内容を箇条書きでまとめ
よう。適切に新聞記事や論文を見つけるためにはデータベースの活用が有効
だ。「移民　信仰」、「ニューカマー　教会」など、複数のキーワードを組み
あわせて検索してみるとよい。

2　移民と宗教のかかわり

移民に対する
宗教の機能　言うまでもなく移民がすべて熱心な宗教生活を送っ
ているわけではない。母国在住時から信仰心に乏しい
者や、来日後に信仰心を薄れさせていく者もいるだろう。一方で、来日後も以
前と変わらず熱心な信仰をつづける者、来日後にいっそうの篤信者となった者、
新たな宗教に入信する者もいるだろう（三木 2012）。このように移民の宗教生
活のあり方は多様だが、宗教は異郷の地において社会生活の安定化に寄与しう
る重要な社会資源のひとつとなっている。

　宗教社会学者の高橋典史は、移民に対して宗教が果たす機能として以下の2
つを指摘している。ひとつは「エスニック・コミュニティの形成基盤となり、
言語や文化の維持・継承・記憶の場となったり、同胞間のネットワークなどを
通じて個々人が抱える物心の悩みを解決したりする資源」（高橋 2015）としての
機能である。もうひとつは「異邦で暮らす人びとがホームランドを想起するも
の」（高橋 2015）としての機能である。

　では、移民はどのような宗教組織にかかわっているのだろうか。それらは大
きく「モノエスニックな宗教組織」と「マルチエスニックな宗教組織」に分け
ることができる（高橋・白波瀬・星野編 2018）。

**モノエスニックな
宗教組織の特徴**

「モノエスニックな宗教組織」とは、共通の民族的背景をもつ人びとで構成される宗教組織である。キリスト教では、プロテスタントにこうした特徴をもった教会が多く見られる。なかでも韓国人、ブラジル人、フィリピン人は日本で数多くのエスニック・チャーチを形成している。

また、仏教の場合、移民が日本の伝統的な宗派の寺院に帰属することは稀で、**エスニシティ**ごとの寺院を形成する傾向がある。代表的なものとしてタイ上座仏教の寺院や朝鮮寺（在日コリアン寺院とも呼ばれる）が挙げられる。

移民は来日後、言語、就労、社会関係など、さまざまな面で困難を経験しやすいため、母国での信仰を日本でも大きく変えることなく実践することは精神的な安定をもたらす。また、同じエスニシティの者が集まる宗教組織は信仰面においてだけでなく、文化・言語継承、生活情報の交換、相互扶助などの場としても機能する。このように移民に特有の課題やニーズが背景となって「モノエスニックな宗教組織」が形成される。

一方、「モノエスニックな宗教組織」における特定のエスニシティの強調が、かえって信仰継承を難しくさせる場合もある。移民第一世代は母国と同様の信仰生活を移住先でも継続しようと試みるが、日本で生まれ育った第二世代は親たちとは異なるエスニック・アイデンティティを形成しがちだ。そのため移民が宗教組織に期待することも世代によって異なりやすい。たとえば、在日コリアンの第一世代の女性が実践してきた巫俗（シャーマニズム）は、死者供養という宗教的機能をもつのみならず、信者たちが母語で感情表出できる稀有な場でもあった。しかし、こうした信仰は第二世代以降にうまく継承されず、各地に建立されてきた信仰の拠点は一部を除き廃れる傾向にある。

また、「モノエスニックな宗教組織」は、内部の結束力が強いぶん、日本社会とのかかわりは概して希薄になりがちだ。結果、それらは地方自治体などによる多文化共生の取り組みのカウンターパートになりにくい。

**マルチエスニック
な宗教組織の特徴**

移民がかかわるもうひとつの宗教組織が「マルチエスニックな宗教組織」である。こちらは複数のエスニシティがひとつの宗教組織に混在していることが特徴だ。代表的なものとして

カトリック教会とイスラームのモスクが挙げられる。

　カトリックの信仰をもつ移民の場合は、自分たちで教会を設立することは基本的になく、既存の教会に通いながら信仰を維持している。彼らが集う教会の中核メンバーは基本的に日本人である。そのため、教会に集うことで移民は自然に日本人・日本社会との接点をもちやすくなる。

　一方、イスラームのモスクは移民たちの手によって建設されることが多く、1990 年代に急増した。1980 年代まで日本にはモスクが 3 つしかなかったが、2020 年の時点でその数は 110 を越えた（店田 2021）。モスクのなかには特定のエスニシティの人びとで構成されたところもあるが、さまざまなエスニシティが混在する状況も見られる。とくに留学生が主導して国立大学の付近に作ったモスクなどは、さまざまな国籍の人びとが通っており、マルチエスニックな宗教組織の典型例といえるだろう。

　一般的に移民の宗教生活は、日本社会にはあまり馴染みのないものであり、その内実がほとんど知られていないが、「マルチエスニックな宗教組織」は、日常的に異なる文化が交差・交渉する場となっている。また、「マルチエスニックな宗教組織」は「モノエスニックな宗教組織」に比べると、日本人・日本社会との接触頻度が高いことから、多文化共生に向けた取り組みが意識的に展開されている現場として注目に価する。

　このように移民が関与する宗教の社会的機能は一様ではない。ある宗教組織は、エスニックな「飛び地」を創出することで、移民が日本社会に参入する機会を減らすかもしれないが、新たな環境に適応することが困難な者に安全と安心の場を提供してきた。他方で、ある宗教組織は、移民とホスト社会との橋渡しを円滑にする重要な担い手となることもある。

3 「移民の信仰」をめぐる葛藤状況のロールプレイ

テーマと手法　学校、職場、地域社会といった場で、信仰を有する移民が経験する葛藤についてロールプレイを通じて把握してみよう。ロールプレイは与えられた役割を演じ、疑似体験することで出来事の多面的な見方を育み、他者理解を促進する効果がある。

　なお、このロールプレイは立場の異なる者どうしの考え方の相違を提示する
だけでは不十分だ。考え方の相違の背景にあるものを理解し、葛藤が小さくな
るように、どのような合意・了解を作ることができるのか、具体案を出すよう
に努めよう。

ねらい

　学校、職場、地域社会といった場で移民がみずから
の信仰にしたがって生きることは、現状では容易では
ない。多文化共生社会を形成するうえで、移民が何を障壁ととらえているのか
を知り、その解決策を検討することは不可欠だ。それと同時に、移民の受け入
れ側がどのような点に課題を抱えているのか知ることも重要だ。移民の信仰を
めぐる葛藤は、まさに複雑な社会関係のなかで生じている。このことをロール
プレイから具体的に把握していこう。

ロールプレイの手順

　最初に、4〜6人のグループを作り、移民の信仰を
めぐる葛藤事例を提示しよう。たとえば、宗教が信者
に課す義務や禁忌（タブー）などである。服装や食習慣など、身近なものから
考えるとよいだろう。

　次に、移民の信仰をめぐる葛藤がどのような社会関係のなかで生じているの
かを理解するために、立場を異にする複数のアクターを設定しよう。たとえば
勤務時間中に礼拝することができていないムスリムの場合、「ムスリムの同僚」
「非ムスリムの同僚」「非ムスリムの上司」などがアクターとして想定できる。
また、学校の部活動が日曜日にも実施されるため、ミサに行くことができてい
ないカトリック信者の場合、「部活の仲間」「部活の指導者」「校長」「親」「教会
の司祭」「教会の信者」などがアクターとして想定できる。

　最後に、どのようにすれば葛藤を緩和・解消できるか話しあおう。「移民の
信仰」をめぐる葛藤事例については、巻末の第11章の資料や【ワーク1】で
調べた新聞記事などで事前学習するとよい。また、自分自身の経験がある場合
は、それを提示するのもよいだろう。

4 多文化共生が進む宗教

カトリックと
多文化共生

カトリックは他宗教に比べて、多文化共生に関する取り組みをかなり積極的に展開している。その背景には近年のカトリックの信者構成の変化がある。移民の増加にともない、近年の日本のカトリックは信者の約半数が外国人で占められるようになっているのだ（谷ほか 2008）。なかでもフィリピン人、ブラジル人、ベトナム人の存在感が大きい。今や、日本人より外国人のほうが多い教会も珍しくなくなっている。

日本のカトリック教会における移民の急増は、ミサの様式や献金の方法などをめぐってさまざまな混乱を生んできた。カトリックの信仰を共有しつつも、国ごとに慣習などが異なることから、その調整に苦慮することが少なくないのだ。しかし、日本人信者の高齢化が深刻化するなかにあって、移民はカトリック教会の維持・存続にとって不可欠な存在にもなっている。

日本のカトリックは全国で 15 の教区に分割されているが、各教区で移民に対応する窓口を設けている。なかでも移民が多く暮らす大都市の教区では、移民支援の専従職員を配置し、専門的なソーシャルワークを行っており、行政や NGO などとの連携も展開されている。

また、組織の末端に位置する各教会でも移民との共生が積極的に図られている。これまで日本語に限られていたミサを多言語化したり、移民の母国で歌われている聖歌を積極的に取り入れたり、郷土料理を持ち寄ったパーティーを定期的に開催したりと、さまざまな工夫が見られる。

イスラームと
多文化共生

2020 年の時点で、日本にはムスリムが約 23 万人いると推定されている。その多くはインドネシア、パキスタン、バングラデシュなどのアジア諸国出身者である。一方、結婚によって改宗した日本人ムスリムや、みずからの信仰的信念に基づき改宗した日本人ムスリムもいる（店田ほか 2015、店田 2021）。彼らは全国 100 か所以上のモスクを拠点に信仰活動を継続している。

イスラームは宗教上の規制が多くあり、日本の習慣との間に齟齬が生まれる

ことが少なくない。たとえば学校に通うムスリムの場合、給食、礼拝、断食などをめぐって個別の対応が必要となってくる。これらに加え、女子学生の場合にはスカーフや学校が指定する制服や水着の着用をめぐって、学校側に特別な対応を求めることになりやすい（第11章参照）。近年の学校はムスリムの信仰に配慮した「例外」を柔軟に認める傾向にあるようだが、それだけで問題が解決するわけではない。こうした「例外」を同級生にいかに受け入れてもらうかという問題と、ムスリムとしてのアイデンティティ（⇨第4章キーワード）をどのようにして確立させるかという問題が横たわっている（佐藤 2015）。

　多くのムスリムは子弟たちにイスラームを正しく継承させたいと考えており、その役割を果たす場所としてモスクが重視されている。しかし、イスラームに対する無理解から、モスク建設をめぐって地域社会と軋轢（あつれき）が生まれることもある。その背景には、イスラームとテロを結びつけがちなマスメディアの報道の影響がある（店田ほか 2015）。

　こうした逆境を乗り越えるため、各地のモスクは見学を呼びかけたり、語学教室・料理教室を開催したりして日本社会との積極的な交流を図っている。東日本大震災以降は各地のモスクが被災地支援活動にも尽力してきた。こうした動きは、「ありのままの自分たち」を伝えようとするムスリム側からの架橋の試みだ。一方、地域社会の側から積極的にムスリム・コミュニティを取り込んでいこうとする動きは緩慢である（店田ほか 2015）。こうした非対称性がイスラームをめぐる多文化共生の課題といえそうだ。

| 宗教を多文化共生の現場にしていくために | 多文化共生の理念を共有する宗教組織において、日本人信者は移民と地域社会をつなぐ媒介者となりうる。 |

しかし、宗教組織からの一方的なアクションでは多文化共生社会の実現は困難だ。地域社会（町内会、学校、自治体など）の側からも移民の集まる宗教組織に積極的に働きかけることが重要になってくるだろう。

ワーク2

　ロールプレイで選んだ「移民の信仰」をめぐる葛藤事例について、アクターがわかるように具体的な内容を書こう。また、ロールプレイを通じて得られた知見についてまとめよう。

キーワード

入国管理法

　　外国人の入国・上陸・在留・出国・退去強制、日本人の出国・帰国、難民の認定などについて規定する法律。日本政府は単純労働に従事する外国人を受け入れない方針をとってきたが、1990 年の入国管理法の改正以降、日系南米人や技能実習生が安価な労働力として活用されてきた。2009 年の改正では、従来の外国人登録法による登録制度を廃止し、入管法のもとで入国管理と在留管理を一元化するようになった。

多文化共生

　　国籍や民族、文化、言葉などの違いを認めあい共に生きること。この概念は1995 年の阪神・淡路大震災が大きな契機となり、移民支援を担う市民活動のスローガンとなった。その後、政策課題へと発展し、外国人が集住する自治体を中心に具体的な取り組みが進められている。

エスニシティ

　　ある集団のメンバーを他の人びとから区別する文化的価値や規範のことで、一般的にエスニック・グループがもつ特性の総体を示している。言語、慣習、出自などと並んで、宗教はエスニシティを構成するものだと考えられている。

ブックガイド

高橋典史・白波瀬達也・星野壮編『現代日本の宗教と多文化共生——移民と地域社会の関係性を探る』明石書店、2018 年

　　移民と宗教の関係を多文化共生の観点から論じた学術書。序章の理論的整理に基づき、各章で事例が分析されている。地域社会の多文化共生に関与するアクターの一つとして、宗教の可能性と課題が考察されている。

店田廣文著、NIHU（人間文化研究機構）プログラムイスラーム地域研究監修『日本のモスク——滞日ムスリムの社会的活動』山川出版社、2015 年

　　日本におけるイスラームの展開がコンパクトにまとめられた入門書。ムスリム・コミュニティが日本社会とどのような関係を形成しているのか、多くの事例が紹介されている。

三木英・櫻井義秀編『日本に生きる移民たちの宗教生活——ニューカマーのもたらす宗教多元化』ミネルヴァ書房、2012 年

　　日本における移民の宗教生活を包括的に論じた学術書。ビルマ難民が集うプロテスタント教会、韓国人が集うプロテスタント教会、日系南米人が集うカトリック教会、タイ人が集う上座仏教寺院、そしてさまざまな出身国のムスリムが集うモスクの事例が取り上げられている。

第Ⅴ部

死を見つめなおす
ために

第**13**章

なぜ墓参りをするのか？
── 先祖／祖先、葬後儀礼、両墓制

川又俊則

学習のポイント

☑ 先祖祭祀と家、家族の関係を学ぶ。
☑ 墓をめぐる現代的な問題を知る。
☑ 社会変動と先祖観の関係を理解する。

到達点

☑「家」制度の衰退と家族の変化で、先祖祭祀がどのような局面にあるのかを認識する。
☑ 墓の継承が難しくなりつつあり、現在、多様な選択肢が増えていることを理解する。
☑ 社会変動によって先祖のとらえ方や先祖との向きあい方も変化していることを把握する。

1 日本人と墓参り

　あなたは墓参りをしたことがあるだろうか。その墓には誰が埋葬されているだろうか。近親者の葬儀を経験し、年一度以上墓参りをしている人もいれば、墓参りをしたことがなく、映画やテレビで見たことしかない人もいるかもしれない。じつは、日本全国に墓地は 87 万 5,030 か所、納骨堂は 1 万 3,645 か所ある（厚生労働省 2023a）。この数値を多いと思っただろうか、少ないと感じただろうか。

　日本人の宗教行動に関する統計を見てみると、「墓参り」の実施は、他と比べてはるかに高率で推移している（図 13‐1）。この資料は、NHK 放送文化研

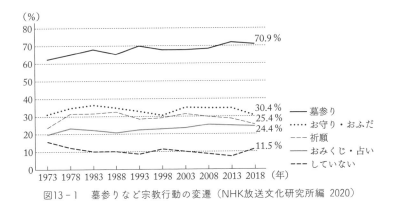

図13-1　墓参りなど宗教行動の変遷（NHK放送文化研究所編 2020）

究所が1973年から5年ごとに過去10回実施してきた意識調査の結果の一部を示したものである。「墓参り」は、2番目に多い「お守り・おふだ」の2倍以上の割合だ。最新の2018年のデータを16〜29歳（若年層）、30〜59歳（中年層）、60歳以上（高年層）で見ると、若年層でも57％、中年層70％、一番高い高年層で75％と、墓参りは「国民的行事」と言っても過言ではないだろう（NHK放送文化研究所編 2020）。

　本章では、私たちにとって身近な日本の墓に注目し、先祖祭祀の歴史・現在・未来を考えたい。

ワーク1

　「お墓」と聞いてイメージするものを、できるだけ多く、詳しく書いてみよう。そして、ペア（隣どうしや前後）で話しあい、いくつかの観点（場所、人、言葉など）を自分たちで設けたうえで、情報を整理しよう。

2　家族の変化と葬送の歴史

「家」と先祖祭祀

日本の民俗学を樹立した柳田國男以降、日本人の死生観は次のように説明されている。人が亡くなると葬儀が行われる。その「家」の者は法事を繰り返し、相当の時間を経てトムライ

アゲとなる。すると、固有名の死者から、祖霊として抽象的な存在となり、**先祖**と呼ばれる。先祖は子孫を守り、子孫は先祖への祀りを行う。このように、先祖が子孫やその社会集団と死後もかかわりをもちつづけるという信仰に基づく儀礼の総体が先祖祭祀である。先祖は、家系の初代から先代までの人びとを指し、ほぼ同義の言葉で**祖先**という語もある。

　戦前の日本は第一次産業従事者が大半で、全国各地のムラで暮らす人びとが、四季折々に共同作業を行い、農業、とくに稲作を営んでいた。豊作祈願や収穫感謝の祭りは先祖への信仰とも結びついていた。お盆や正月は本来的に先祖の祭りであり、年中行事（第4章参照）を通じ、人びとは、共同体の成員（地縁）として、あるいは先祖（血縁）から連なる者として、自己を確認してきた。

　そして、それぞれの「家」にある田畑や漁業権、商家名などが次世代へ継承された。つまり「家」は、単なる社会集団の最小単位としてだけでなく、過去から連続してきた直系の系譜を意味している。戦前までの日本社会はこの「家」を集団の基礎としていた。家系を絶やすことや家名を汚すことを慎み、「家」の創始でみずからが存在し、「家」は先祖に見守られ繁栄が約束されると考えられ、先祖への祭祀や信仰は不可欠とされていた。「家」の継承者（主に長男）は墓を守り、「先祖代々」を祭祀した。これは「家」先祖観といえよう。このように、「家」は必然的に一定の宗教性を内在させていた（竹田 1976）。

　四十九日などの**葬後儀礼**は 14 世紀頃に十三仏事へと拡大し、毎年の祥月命日や毎月の月忌という行事も 15 世紀頃には定着し、それらを担当する僧侶と、追善供養へ布施を捧げる側との関係が緊密になり、寺檀関係の原型がつくられた。そして、江戸前期、キリスト教が禁止されたのを契機に、幕府の命で住民がキリシタンでない証（寺請証文）を寺院が作成し、すべての人びとは檀家として寺院に所属した。これがいわゆる檀家制度である（圭室 1999）。日本仏教は葬送儀礼（葬儀およびその後の一連の儀礼）と密接に結びつき、制度的には明治初期に途絶するも、寺院と檀家の関係性は現在まで継続し、「葬式仏教」などと揶揄されることもある。

　戦後しばらくの葬儀は、地域差もあるが、おおむね、次のとおりである（新谷 2015、山田 2014）。ある人が亡くなると、ふとんに横たえ、湯灌（遺体を洗い清め、安らかな旅立ちを願う）を行い、死装束を着けて納棺する。地域住民が葬儀

の日取り・役割分担を決め親族や寺院へ知らせる。通夜は家族など少数が集まり、別れを惜しむ。家での葬儀後、出棺し、葬列を組み、墓地まで遺体を運ぶ。土葬もしくは火葬を行う。一連の儀礼が終わると死者としての扱いがなされる。

　このような葬儀や葬後儀礼、墓地は、その後どのように変化しただろうか。

<u>近親追憶的な祭祀へ</u>　1947 年の民法改正は、これまでの「家」制度から夫婦制家族へ、世代を超え連続する集団から世代ごとの集団へと、家族自体の考え方を変えるきっかけとなった。1960 年代の高度経済成長期以降、地方から都市への人口流出がつづき、いわゆる勤労者世帯が大多数となる。夫婦中心の核家族が多数となり、地域共同体に支えられた生業をもたない都市部の人びとの間では、「家」意識が希薄になっていった。

　そして、葬送において地域住民の役割が徐々に少なくなった。家族は葬祭業者のもと、集会場や民営の会館などで葬儀を行い、喪家から墓地やヤキバへ死者を皆で送る葬列（野辺送り）もなくなった。一昼夜かけたヤキバでの火葬から、広域火葬場による短時間の火葬に変わり、葬儀や葬後儀礼が徐々に簡略化され、葬儀は告別式中心となった。

　墓以上に日常的な先祖祭祀の拠点たる仏壇の統計資料を見てみよう。1979〜2010 年の調査で「しばしば家の仏壇や神棚などに手をあわせる」に肯定的回答をした人はほぼ 5 割で推移していた（石井 2007）。また、仏壇の保有率も約 5 割（子どもの頃あった割合は 66.2 ％）だった（小谷 2014）。意外と高率だと感じたのではないだろうか。墓参りの高率とあわせて考えると、「家」制度自体が崩壊しつつあっても、仏壇や墓など、先祖祭祀の場はまだ機能していたのである。

　社会の変化にともなって先祖祭祀はどう変化するのだろうか。仏壇に祀られている位牌や墓地に関する調査研究によると、夫妻双系の先祖、親や祖父母くらいまでを祭祀しているとの傾向が見出された。これは伝統的な直系出自の「家」観念とは異なっており、家族先祖観といえよう。このように第二次世界大戦後の社会変動のなかで、先祖観に変化が生じ、従来の家的先祖祭祀から、近親追憶的祭祀へと祭祀のあり方が変化したとの見解が示されている（井上 2003）。

現代の「死」と
多様な葬送・墓地

夫婦と未婚子の家族（核家族）および高齢者などの単身世帯が増えつづけている。夫婦一組の子どもの数が平均 2 人以下となって久しい。1990 年代以降、少子化が進み、また高齢化の進展により、葬送や墓地はどのような変化を見せたか。

まず、遺灰を海上で撒く散骨が挙げられる。「自然葬」と呼称され、広がり、『世界の中心で、愛をさけぶ』（2004 年公開）などの映画でも取り上げられた。ただし、散骨には法的根拠がなかったため、トラブルが起き、散骨規制の条例を設けた自治体もある。他方、墓地として認められた場所へ、樹木を墓標として納骨する「樹木葬」も実施されている。また、家墓以外の墓も求められている。墓地契約は継承する者の存在が前提となっている。だが、非婚の増加、少子高齢化の進展もあり、各種団体や市民団体が管理者となる「共同墓」が普及してきた。「子どもたちに迷惑をかけたくない」と家墓から他人との合葬が前提となる「共同墓」へ改葬する人びともいる。

これら葬送の変化について、民俗学者新谷尚紀は、1990 年頃を「個人化」、2010 年頃を「無縁化」と説明した（新谷 2015）。「無縁社会」とも表現される現代、地域住民へも知らせず近親者のみで行う「家族葬」、遺体を病院から火葬場へ直送し、宗教者による葬儀を行わず火葬する「直葬」も行われるようになった。また、遺骨を加工したアクセサリーなどを身につける「手元供養」を行っている人もいる。かつての先祖祭祀からは想像できないような多様な葬送や墓地が出現している。

とはいえ、「墓地、埋葬等に関する法律」（1948 年制定、最終改正 2022 年）や刑法（1907 年制定、最終改正 2023 年）の「死体遺棄罪」があるように、私たちは遺体を勝手に処分することはできない。火葬を行うならば市町村長に申請して許可証を受けとり、知事・市長などが経営を許可した火葬場で行うのが一般的である。そして、既存の寺院墓地や地域墓地、あるいは地方公共団体経営の公園墓地などに埋葬する。ただし、これらの法律は、現在行われている多様な葬法を想定したものではないことは確認しておきたい。

3 「理想のお墓」を描くポスターセッション

テーマと手法 ポスターセッション（第2章参照）というワークで、自分たちの理想とするお墓をポスターにまとめる。家や家族、先祖祭祀や葬送について前節で学んだことを踏まえ、さまざまなアイデアを出しあおう。

ねらい 「理想のお墓」をポスターにまとめたり、他グループの作品と比較検討する作業を通じ、先祖祭祀がどのような局面にあるのかを意識し、墓の継承が難しくなりつつあるなかで、思いもよらない発想があることを実感しよう。

ポスターセッションの手順 4～6人ほどで1グループをつくり、司会・記録・発表者を各1名決める。まず、各自で「理想のお墓」を考え、グループ内で発表しあう。その後、1つの理想のお墓を決める。議論の際、①コンセプト、②具体的な形態、③家族との関係性、に注意して話しあう。

決定した理想のお墓を、ポスターにまとめる。テーマを文章で表し、具体的なイメージを色マジックやクレヨンなどを用いてイラストで表す。

ポスター完成後、プレゼンテーションを行う。プレゼンテーションは先に決めた発表者が行い、他のメンバーは、他グループの発表を聞きに行く。時間に余裕があれば、他グループの発表に関し、グループ内で意見交換しよう。

4 21世紀の先祖祭祀の行方

墓地と墓石の歴史 ポスターセッションでさまざまな墓地や墓石が登場したことだろう。なかには墓がないというポスターがあったかもしれない。本節で、そもそも墓地や墓石がどのような経緯をたどってきたのかを確認しておきたい。

三重県玉城町の埋め墓
（集落にある詣り墓から数キロ離れた山すそ。檀家ごとに埋蔵区画が決められている。）

　私たちが近くの公園墓地や寺院墓地に行くと、比較的多く見かけるのが「先祖代々の墓」「○○家之墓」と墓石に刻まれた角柱型石塔の家墓、家族の合葬墓である。だが、従来からこのかたちだったのではない。土葬が多かった時代は木の塔婆型の墓標が多かった。火葬が一般化し、焼骨を納めた骨壺を複数収納するカロート（納骨室）が登場し、明治半ば以降、家墓が全国に普及した（鈴木 2005）。

　そもそも墓石自体、日本では歴史が浅く、早い例で戦国時代、一般的には近世以降に普及した。かつては遺体をムラ外れに埋め、そこから離れた寺院墓地へ墓参りし、遺体埋葬後数年から十数年を経た年忌供養の際、石塔が建立された。また、空間的にも埋葬地と石塔建立地が一致しない場合が多い（岩田 2003）。

　伝染病予防の観点で火葬が徐々に浸透し、火葬が土葬を上回るのは 1935 年以降である。現在では火葬がすっかり定着し、2022 年の火葬率は 99.97 ％（その他は土葬）だった（厚生労働省 2023b）。

　そして昭和後期の経済成長のなかで、公園墓地も広がり、家墓の石塔が当たり前となる。和型だけでなく洋型もあり、「和」「やすらぎ」など自由な単語を刻字した墓石も出現した。なお、現代でも「埋め墓」（写真）、「詣り墓」にわかれるいわゆる**両墓制**と見なされる葬法を維持している地域もある。これらの地域では（死者の霊魂が家を離れる）満中陰の四十九日くらいまでは埋め墓に、以後、詣り墓へ墓参りしている。

|「無縁社会」のなかの葬送の行方|

　「家」ではなく核家族や単身世帯が中心で、また、超高齢になってからの死が当たり前の現代では、他者とのつながりがわずかになってから死を迎えることが多い。

　第 2 節で見てきたように、かつての葬儀は、地域に生きた人を地域全体で見送る地域の行事だった。儀礼に関与する人びとは、みずからもこのように見送

られることを想定していた。人びとの移動が激しい現代、幼年期と老年期で過ごす場所が異なるケースも多い。最期のときをどのように過ごし、見送られるのか想像がつかない現代、私たちは血縁・地縁・社縁（会社などでの人のつながり）などの中間集団が機能しない「無縁社会」を生きているともいえる。

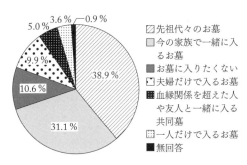

図13 - 2　どのような形態のお墓に入りたいか
（小谷 2015）

凡例：
- 先祖代々のお墓 38.9 %
- 今の家族で一緒に入るお墓 31.1 %
- お墓に入りたくない 10.6 %
- 夫婦だけで入るお墓 9.9 %
- 血縁関係を超えた人や友人と一緒に入る共同墓 5.0 %
- 一人だけで入るお墓 3.6 %
- 無回答 0.9 %

　こうした事態を受け、行政も対策をはじめている。たとえば、孤独死などへの対応として、大阪市などでは無縁仏の備えをしている（槇村 2013）。2011 年に行われた 20〜80 歳代を対象にした調査では、入りたいお墓の形態として、「先祖代々のお墓」がもっとも多かったものの 4 割を切っており、「今の家族で一緒に入るお墓」が 3 割、「入りたくない」と「夫婦だけで入るお墓」が 1 割程度あり、墓地の多様性が示されている（図13 - 2）。私たちは、「死」や「葬送」において、重大な転換期を迎えているように思える。

　「死」を考えることは、「生」を考えることでもあるだろう。宗教を信じる人が 3 割弱しかいない現代日本では、多くの人びとが、宗教性をもつ「家」のなかでは生きていない。「生」と「死」について、従来のものを継承するのではなく、新たに考えていくべきなのだろうか。墓地の多様性は、そうした模索を示しているとも解釈できよう。

ワーク2

　自分のグループの「お墓」について、コンセプト、具体的な形態、家族との関係性を書こう。また、他グループの「お墓」を見た感想をまとめよう。

キーワード

先祖／祖先

　先祖祭祀は、文化人類学などでは祖先崇拝と記述される。本章は、史料でも用いられ、セン
ゾオクリなど民俗語彙もあるとして、先祖祭祀という語を採用した森岡（1984）にならった。

葬後儀礼

　葬儀後の十三仏事などの追善儀礼。初七日（亡くなって七日目の仏事）、四十九日（七日ごとの七
回目の仏事。この日が中陰として喪明けとなる）、百か日、一周忌、三回忌、三十三回忌（トムライア
ゲ）などの仏事。ほとんどの死者は、死後すぐに浄土へ行けず、生者たちによる追善供養が重
ねられることで穢れが浄化されると考えられている。

両墓制

　遺体の埋葬もしくは遺骨の埋蔵場所と、墓参りする石塔建立場所が一致しない墓制。近畿地
方などで広く見られることが民俗学調査で報告されている。それに対し、両者が一致する場合
を単墓制という。ただし、埋葬・埋蔵後の石塔建立地点は遠近の差異にすぎないとして、両
墓・単墓と区別しない見解もある。

ブックガイド

岩田重則『「お墓」の誕生——死者祭祀の民俗誌』岩波新書、2006 年

　全国各地でフィールドワークを重ねた民俗学者として、お盆・葬儀・埋葬・墓参り・嬰児や
戦死者の扱いなどを見渡し、現代のお墓がいかに形成されたのかを論じている。

森謙二『墓と葬送のゆくえ』吉川弘文館、2014 年

　家族と墓、法制度の問題を追究してきた研究者が、葬送の自由を死後の自己決定と見なし、
それを批判的にとらえなおした。現代の葬送システムは家族など親密な他者だけではなく、社
会も関与する必要があると指摘している。

土井卓治ほか編『葬送墓制研究集成』(全 5 巻) 名著出版、1979 年

　日本人の他界観や霊魂観を考究するために、当時の民俗学者の研究蓄積を収録し、「葬法」
「葬送儀礼」「先祖供養」「墓の習俗」「墓の歴史」というタイトルで全 5 巻にまとめられた。

^第**14**^章

戦没者をどこで追悼する？
── 靖国問題、「戦争の記憶」、コメモレイション

大谷栄一

学習のポイント

✔ 戦没者の追悼施設をめぐる問題点を知る。
✔ 戦没者の追悼方法について考える。
✔ なぜ、今、「戦争の記憶」が問題になるのかを考える。

到達点

✔ 戦没者の追悼施設にはいくつかの選択肢があることを認識する。
✔ 日本における戦没者の追悼方法の特徴を理解する。
✔ どのように「戦争の記憶」を継承するのかについて、自分なりの意見をもつ。

1 8月15日の全国戦没者追悼式

　8月15日は「戦没者を追悼し平和を祈念する日」だということを、みなさんは知っているだろうか？　2023年8月15日には、新型コロナウイルスの感染対策は一部緩和され、政府主催の全国戦没者追悼式が東京の日本武道館で開催された。天皇・皇后両陛下と岸田文雄首相、戦没者遺族ら約1400人が参列し、日中戦争と第二次世界大戦で犠牲になった約310万人（約230万人の軍人・軍属と約80万人の民間人）を悼んでいる（『毎日新聞』2023年8月16日）。

　20世紀は「戦争と革命の時代」といわれるように、2度にわたる世界大戦が起きた。その結果、おびただしい数の戦没者（戦病死した軍人・軍属）を生んだ。

その数は 1914〜18 年の第一次世界大戦では約 850 万人、1939〜45 年の第二次世界大戦では約 1,700 万人（さらに民間人 3,000 万人以上が加わる）を数えた（加藤 2007）。こうした戦没者たちは、世界中のさまざまな国・地域で公的に追悼されてきた。とりわけ日本では、毎年 8 月 15 日の公人（首相や閣僚）による靖国神社への参拝が国内外で政治問題化・外交問題化している。この光景は一般に、靖国問題として知られている。

　では、私たちは戦争で亡くなった死者をどこでどのように追悼したらよいのだろうか。本章では、戦没者追悼をめぐる問題を考えてみることにしよう。

ワーク1

　なぜ、日本政府主催の戦没者の追悼式が行われるのだろうか。公的に戦没者を追悼することの理由と意義について、あなたの意見を書いてみよう。

2　日本における戦没者の追悼施設

靖国神社の歴史

　現在、靖国神社は一宗教法人だが、戦前は陸軍省、海軍省、内務省が管理・運営した国家的な戦没者追悼施設だった。その歴史は明治維新直後にはじまる。1869 年、東京の九段上に「東京招魂社」として設立され、1879 年に「靖国神社」と改称された。明治政府からみて味方（尊王）側の戦没者を祀るという特徴がある。戦没者は臨時大祭で合祀されることで祭神となった。とくに日露戦争後、戦没者の霊は国家に殉じた顕彰されるべき「英霊」として意味づけされ、公的に追悼された。

　1945 年 8 月 15 日の終戦を経て、同年 12 月の GHQ の「神道指令」によって国家と神社神道との特権的な結合（国家神道）が解体される。1946 年 9 月、靖国神社は単立宗教法人として設立登記された（第 3 章参照）。1947 年 5 月の日本国憲法の施行によって、政教分離（⇨第 3 章・第 10 章キーワード）と信教の自由が制度化された。

　現行憲法下における首相の靖国神社参拝は、1951 年 10 月 18 日の例大祭に参拝した吉田茂首相が初めてである。以降、1974 年まで春と秋の例大祭に（一

部の首相を除き）首相の靖国参拝が行われた。

　1975年、三木武夫首相が首相で初めて終戦記念日に参拝した。ここで公人の「公式参拝」（日本の国家を代表する資格で参拝すること）が問題となる（藤本 2013）。ついで、1978年に靖国神社にA級戦犯（極東国際軍事裁判、いわゆる東京裁判で戦争犯罪者と判決を受けた人びと）14名が合祀されたことで、戦争犯罪者を神として祀ることが第二次世界大戦の肯定や正当化になるのではないかとの批判を、とくにアジア諸国から受けるようになる（早瀬 2018）。

　1985年には中曾根康弘首相が首相としてA級戦犯合祀後初めて8月15日に公式参拝を行い、アジア諸国からの猛反発を受け、翌年以降、首相による8月15日の公式参拝は見送られた。

　その後、小泉純一郎首相が2001年8月13日の参拝を皮切りに、6年連続で靖国神社を参拝し、国内外で物議を醸した（2006年には8月15日に参拝）。小泉首相の第1回靖国参拝直後の2001年12月、官房長官の私的懇談会「追悼・平和祈念のための祈念碑等施設の在り方を考える懇談会」が設立され、打開策が模索された。翌年12月に発表された報告書（巻末の第14章 資料参照）では、「国立の無宗教の恒久的施設が必要である」と結論づけられたものの、その後、この新しい国立追悼施設の構想はいっこうに進まず、現在も棚上げされた状態にある。

千鳥ヶ淵戦没者墓苑

　靖国神社には戦没者の遺骨は納められていない。引き取り手のない無縁の戦没者の遺骨を納めているのが、千鳥ヶ淵戦没者墓苑である（大谷 2004）。1959年に開苑した国立施設であり、靖国神社から徒歩数分の距離にある。現在は環境省の所管で公益財団法人千鳥ヶ淵戦没者墓苑奉仕会が管理・運営している。

　千鳥ヶ淵戦没者墓苑は当初、「無名戦没者の墓」という名称が予定されていた。アメリカのアーリントン国立墓地にあるような無名戦士の墓がイメージされていた。これは、戦死した身元不明の軍人の遺体一体のみを選び、その戦争のすべての戦没者を代表するものとして埋葬する墓制の形式である。

　そもそも千鳥ヶ淵戦没者墓苑の発端は、戦没者の遺骨収集作業にある（浜井 2014）。戦後、日本政府は海外に残された戦没者の遺骨を収集し、追悼する

事業に着手した。持ち帰った遺骨のうち、身元不明の遺骨をどうするかが問題
となり、1953 年に国の責任で管理することが閣議決定された。しかし、「無名」
という言葉が日本語として成熟していないことなどから、最終的に「千鳥ヶ淵
戦没者墓苑」という名称になった。

「戦没者」とは誰のことか？

　ここで、あらためて考えてみよう。「戦没者」とは
いったい、誰のことなのだろう？　日本からみて、戦
争の際の味方の「国民」の死者だけで、敵の「外国人」は含まないのか、アジ
ア諸国の被害者は含まれるのか、戦闘や病死で亡くなった軍人・軍属だけなの
か、空襲や原爆で亡くなった民間人も含むのか。その定義をめぐり、さまざま
な議論を呼んでいる。また、その追悼方法は宗教的に行うのか（行うとしたら、
多宗教を認めるか、特定の宗教によるのか）、非宗教的に行うのかも問題となる。

　ここで、靖国神社、千鳥ヶ淵戦没者墓苑、新しい国立追悼施設の特徴を、追
悼の対象と追悼方法に注目してまとめてみよう（表14−1）。

　現在、靖国神社には 246 万 6 千余柱の祭神が祀られている（靖國神社 2023）。
「霊璽簿」（名簿）に記された戦没者は、臨時大祭での招魂式と祭儀によって合
祀され、祭神となる。戦没者の一人ひとりが個性をもったまま、神になるので
ある。戦後 70 年以上を経た現在も戦没者の合祀がつづけられている（藤本 2012）。

　なお、軍人・軍属以外に従軍看護婦や女性の学徒隊、学童や生徒、殉職した
民間人、台湾や朝鮮の出身者も祭神として祀られているが、原爆や空襲、沖縄
戦などによる民間の犠牲者は本殿には合祀されていない。ただし、1965 年に
境内に設立された鎮霊社には、本殿に祀られていない氏名不詳の戦没者と世界
中の戦没者が祀られている（靖國神社監修ほか 2007）。とはいえ、自国の戦没者（男
性の軍人・軍属）が追悼の中心である。

　一方、千鳥ヶ淵戦没者墓苑には 37 万 269 柱の「先の大戦で〔亡くなった〕海

表14−1　戦没者追悼施設の特徴

施設名	追悼の対象	追悼方法
靖国神社	特定の戦没者が中心	神道式
千鳥ヶ淵戦没者墓苑	無名の戦没者	多宗教
新しい国立追悼施設	全死没者	無宗教

外における戦没軍人及び一般邦人のご遺骨」（環境省 2023）が納められている。設立当初、収納された遺骨は日中戦争以降の戦没者の「象徴遺骨」と位置づけられたが、のちにその見解は後退し、現在も公式見解にはなっていない（千鳥ヶ淵戦没者墓苑奉仕会編 2009、浜井 2014）。

　なお、新しい国立追悼施設は国立のため、政教分離の原則に抵触しないよう、「無宗教」が謳われている。その対象は将兵（軍人・軍属）に限らず、戦争でいのちを失った民間人、過去に日本の戦争でいのちを失った外国の将兵や民間人も区別しないと、報告書に記されている。また、この施設は靖国神社と千鳥ヶ淵戦没者墓苑と併存できるとも記されている。ただし、この施設は建設されておらず、現状では実在していないことに注意してほしい。

3 戦没者の追悼場所と方法をめぐるディスカッション

テーマと手法 ｜ 戦没者の追悼をどの場所でどのように行うべきかをグループディスカッションによって議論する。

ねらい ｜ 「戦没者」の位置づけや戦没者追悼施設それぞれの特徴、これまでの公的な戦没者追悼の歴史的経緯を踏まえたうえで、今後、日本ではどこでどのように戦没者の追悼を行うのが望ましいのかを一人ひとりが考え、自分なりの意見をもつことを目的とする。

　ディスカッションの際には追悼の対象が施設によって違うこと、法律上（政教分離の原則）の制約があること、（【ワーク1】を踏まえて）公的に戦没者追悼を行うことの意義にも注意を払ってほしい。

グループディス
カッションの手順 ｜ 4〜6人のグループを作る。最初にメンバーどうしで自己紹介をし、司会と書記を決める。書記は議論の内容を書き留める。

　議論では、以下の選択肢から今後の戦没者追悼の場所としてふさわしいと自分たちが考えた場所を選ぶ。①靖国神社、②千鳥ヶ淵戦没者墓苑、③新しい国立追悼施設。

　最初に、３つの追悼施設それぞれの長所と短所を全員で挙げてみる。それを踏まえたうえで、いずれの場所が望ましいか、一人ひとりが自分の意見を述べる。選択肢のうち、ひとつに絞ることができなければ、複数の施設を選択しても構わない。なお、議論の際、他人の意見は批判や否定をせずにひとつの立場として認めること。また、政治的な主張は控え、建設的な議論をするよう心がけてほしい。デリケートな問題を扱うので、司会が配慮して議論を進めよう。

　最後に、話しあった結果をグループごとに発表する。

4　慰霊・追悼研究と「戦争の記憶」

　　　　「戦争の記憶」
　　　　への注目

　戦没者をどこでどのように追悼するのか、あるいは歴史的にみてどこでどのように追悼されてきたのか。この問題は、現在、慰霊・追悼研究の領域で活発に研究されている。その対象は戦没者にとどまらず、東日本大震災などの自然災害や大規模な事故などの犠牲者も含み、宗教学のみならず、歴史学・社会学・人類学・民俗学など、領域横断的に行われている（藤田 2008、小林 2016）。

　こうした成果のなかで、「**戦争の記憶**」に注目が集まっている（粟津 2017）。「記憶（memory）」とは「過去を認識しようとするあらゆる営み、そしてこの営みの結果得られた過去の認識のあり方」のことである（小関 1999）。過去の認識にはこうした主観的な記憶以外に、客観的な「記録（document）」がある。両者に優劣はなく、それぞれの特性があり、相互に結びついている。現在、第二次世界大戦を体験した人びとがどんどん減少しているなか、戦争を忘れてはならないとして、体験者の語る戦争体験に基づく記憶の継承が叫ばれている。こうした「戦争の記憶」は、じつは「戦没者」や「戦争」自体をどのようにとらえるのか、という問題に密接にかかわってくる。

　たとえば、「戦没者」をどうとらえるかを考えるとき、日本人がアジア諸国に対する戦争の加害者なのか、戦争の被害者（犠牲者）なのかという歴史の認識が問題になる（その両方という場合もある）。また、第二次世界大戦を「アジア・太平洋戦争」（日本によるアジアへの侵略戦争）と批判的にとらえるか、「大東亜戦争」（欧米からのアジア解放の戦争）と肯定的にとらえるかは、歴史認識によって大

きく異なる。すなわち、戦争のとらえ方や覚え方は、それぞれの社会における歴史的・社会的経験と記憶に支えられているのである（藤原 2001）。また、「戦争の記憶」には個人と集団（共同体・民族・国家）のレベルがあるが、集団レベルの場合、「国民の物語」として語られ、国民意識と結びつきやすい。ただし、その一方、戦争の加害者性を踏まえることで、「国民の物語」を批判的にとらえ返す「戦争の記憶」もありえるであろう。

「コメモレイション」という視点　　こうした戦争の集合的記憶はどのように継承できるだろうか。それを分析する際、**コメモレイション**（commemoration、記念・顕彰行為）という視点が有効である。コメモレイションとは過去の出来事や人物を記念ないし顕彰しようとする行為のことであり、「記憶のかたち」のことである（小関 1999）。記憶の「見える化」（可視化）といってもよい。「戦争の記憶」に即して言えば、記念碑や追悼施設、戦没者の追悼式典、終戦記念日などの「記憶のかたち」によって、人びとは日中戦争や第二次世界大戦の記憶を集合的に共有する。これらは戦争の集合的記憶を伝えるためのコメモレイションなのであり、追悼施設は「戦争の記憶」装置という社会的機能をもつ。

　ただし、ここで重要なのは、「戦争の記憶」をどのように継承するのかということである。「記憶は過去の出来事の単なる貯蔵としてではなく、現在の状況にあわせて特定の出来事を想起し意味を与える行為として理解しなければならない」という指摘がある（小関 1999）。記憶はつねに現在の地点からの過去の出来事の主観的な解釈であり、常時更新される。「戦没者」や「戦争」は、つねにとらえ返されなければならないのだ。

　戦後 70 年以上が経ち、全国戦没者追悼式に参列する遺族の高齢化や世代交代も進んでいる。過去の戦争で亡くなった人を、どこでどのように追悼するかは、「戦争の記憶」を継承するうえですぐれて現在的な問題なのである。

ワーク2

　グループディスカッションを行った結果、あなたのグループでまとまった意見のポイント（要点）と、それに対するあなたの見解を書こう。

キーワード

靖国問題

　首相の靖国神社参拝に対する中国や韓国などからの反発や批判、公人（首相や閣僚）の公式参拝の是非に見られるような靖国神社をめぐる政治的・社会的・宗教的な諸問題のこと。歴史認識や戦争責任と深くかかわる問題として論争や研究がつづいている。

「戦争の記憶」

　過去 20 〜 30 年間に世界各国で記憶をテーマとした研究が増え、記憶ブームと呼ばれた。日本では 1990 年代に歴史教科書や従軍慰安婦問題などを通じて歴史認識をめぐる論争が生起し、その後も戦争の語られ方や記憶のされ方が社会的な話題を集めている。

コメモレイション（記念・顕彰行為）

　記念行事や記念日、儀礼などを通じて、過去の出来事や人物を記念ないし顕彰しようとする行為のこと。主に 1990 年代以降の欧米の文化史研究、構築主義研究、集合的記憶研究のなかから提起された概念。

ブックガイド

小菅信子『14 歳からの靖国問題』ちくまプリマー新書、2010 年

　靖国問題について、そもそも何が問題なのかをわかりやすく説明した一冊。筆者は靖国問題を「戦死者の追悼」という文化をめぐる問いとしてとらえ、読者に時間をかけて取り組んでもらいたいと述べる。靖国問題の最初の一歩は本書から。

原田敬一『兵士はどこへ行った──軍用墓地と国民国家』有志舎、2013 年

　本章では日本以外の戦没者施設を紹介できなかったが、世界各地の「軍用墓地」（国家＝軍隊が公的に設けた墓地）について、アメリカ、英連邦（イギリスと多くの旧植民地からなる国家連合）、ドイツ、台湾、韓国の事例を紹介しながら、今後の戦没者追悼のヒントを読者に提示している。

赤澤史朗『靖国神社──「殉国」と「平和」をめぐる戦後史』岩波現代文庫、2017 年

　靖国問題を戦没者の「慰霊」追悼をめぐる争いであるととらえ、戦後日本の平和主義やナショナリズムとの関連から分析した作品。その「慰霊」追悼の変遷をたどりながら、戦没者の死の意味や靖国神社の位置づけ等をめぐる争点を整理している。その議論は歴史認識や戦争責任にも及ぶ。

第**15**章

被災者は宗教に何を求めるか？
——「心のケア」、臨床宗教師、霊性

黒崎浩行

学習のポイント

- ✓ 災害時の宗教者・宗教団体の支援活動について知る。
- ✓ 災害で死別・喪失を経験した人への、宗教者による「心のケア」の現状を知る。

到達点

- ✓ 災害時に宗教者・宗教団体が行う支援活動の多様性を踏まえたうえで、被災者が宗教に何を期待するかを議論できるようになる。
- ✓ 臨床宗教師など、宗教者によるケアの実践について、その意義と課題を認識する。

1 自然災害による死別・喪失

　2011年3月11日に宮城県沖で発生したマグニチュード9.0の地震は、東北・関東地方の太平洋沿岸部に甚大な津波被害をもたらした。また、この地震・津波により被災した東京電力福島第一原子力発電所が放射能漏れ事故を起こし、広範囲にわたる周辺地域の住民が避難を余儀なくされた。

　東日本大震災ではおよそ2万人の人命が失われた。また、12万戸に及ぶ家屋が全壊し、住み慣れた町・村、仕事などを多くの人が失った。

　地震の発生から（本書刊行時点で）13年の歳月が経ち、被災地では復興への取り組みが進んだ。しかし人口減少は止まらず、多くの問題を抱えているのが現状である。

　日本では地震のほか、台風・豪雨による風水害や火山の噴火など、自然災害が多いが、世界各地でも自然災害は起こっている。

　災害により死別や喪失を経験したとき、人びとは宗教に何を求めるだろうか。

　ここでは、宗教者・宗教団体による被災者支援活動の実際を振り返ったうえで、とくに「心のケア」に焦点を当てて、その可能性や課題を考えてみよう。

ワーク1

　自分が被災したと想定したときに宗教者・宗教団体に期待することを書き出そう。もし何も期待しないのであれば、その理由を書き出してみよう。また、言葉に詰まったら、自分がもしお年寄りだったら、身内を亡くしてしまったら、など、いろいろな年齢・性別・境遇を思い浮かべて考えなおしてみよう。

2 宗教者・宗教団体の災害支援活動と「心のケア」

阪神・淡路大震災の場合　1995年1月17日に阪神・淡路大震災が発生した。このとき多くの市民が救援・支援に動いたが、そのなかに宗教者・宗教団体も含まれていた（国際宗教研究所編ほか 1996、三木編 2001）。医療チームの派遣、救援物資の搬送、倒壊した家屋の片づけ、避難所での炊き出し、義援金の募集など、その活動は多岐にわたった。多くの信者を抱える教団の組織力、資源力が救援活動に生かされた。同時に、亡くなった方への慰霊、追悼が営まれた。

　ただ、広く被災地域の人びとに支援を行き届かせるための宗教・宗派間や行政・市民団体との連携に課題を残した。

　宗教社会学者の三木英は、宗教が社会統合機能をもつという E. デュルケムの古典的な学説を援用しつつ、広く人びとを癒すような機能が、信者と非信者を分かつ教団宗教には果たしえず、むしろ祭りや震災モニュメントの巡礼といった民俗宗教的なものがその役割を果たしたという見解を示している（三木 2015、三木編 2001）。

| 東日本大震災での宗教者 |
| ・宗教団体の支援活動 |

東日本大震災に際しても、さまざまな宗教者・宗教団体が現地に駆けつけて救援・支援活動を行った（宗教者災害支援連絡会編ほか 2016）。各教団および宗教者の具体的な活動については、日本NPO学会と中外日報社が共同で行った「東日本大震災における18宗教教団の被災者・地支援活動調査」の分析報告（岡本 2014）、被災地で活動する宗教者を取材したルポルタージュ（河北新報社編集局編 2016、川村 2012、北村 2013、千葉 2012）、研究書（稲場・黒崎編 2013、星野・弓山編 2019）や各教団の活動報告書などが多く刊行されているので、手にとってほしい。

　また、ドイツ出身の宗教学者による、震災後の仏教者の活動についてのドキュメンタリー映像もある（Graf 2015）。

　現地にある神社、寺院、教会などが、みずからも被災しながら避難者を受け入れた。遺体安置所となった寺院もあった。物資供給や炊き出し、家屋の片づけ、瓦礫撤去のために宗教者・宗教団体が訪れた。原発事故による広域避難のために施設を開放した宗教団体、放射線被ばくへの不安から親子を解放するための保養プログラムを提供する宗教団体もあった。また、避難所や仮設住宅集会所でのカフェやサロン、足湯を通じた傾聴活動、戸別訪問活動が、被災者への「心のケア」の活動として行われた。慰霊・追悼儀礼や、祭りの復活などを通じた地域住民の支えあいの促進も行われた。

　こうした活動の対象は信徒に限られず、また市民ボランティアとの連携や宗教間の連携も見られた。2011年4月に宗教者・宗教研究者の協働により発足した「宗教者災害支援連絡会」は、宗教者・宗教団体の支援活動について互いに報告しあうことを通じて、そのような連携を支えてきた（宗教者災害支援連絡会編ほか 2016）。

　このような宗教者の災害支援活動は、一般社会にどれくらい認知され、期待されただろうか。それを示すデータとしては、公益財団法人庭野平和財団が2012年4月に行った「宗教団体の社会貢献活動に関する調査」がある（公益財団法人庭野平和財団 2013）。図15-1はそのなかの問7「東日本大震災で、宗教団体が行った支援活動は？」と問8「大規模な災害が起きたときに、宗教団体はどのような活動を行ったほうがよい？」を集計したグラフである。全般的な認知度の低さと、そのなかでも精神的な支援よりは物質的な支援への認知、期

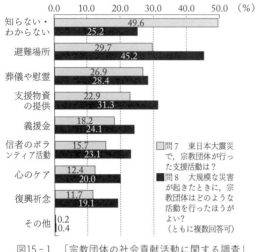

図15-1　「宗教団体の社会貢献活動に関する調査」
（公益財団法人庭野平和財団 2013）

待のほうが高いことがうかがえる。

　また、「葬儀や慰霊」への認知や期待が比較的高いことから、宗教者・宗教団体は、被災者の死別・喪失の経験に対して、儀礼を通して向きあうものであるということが広く認められていることがわかる。社会学者の福田雄は、災害に遭った人びとが参加する儀礼を「苦難へのコーピング」（苦難に対処し、折りあいをつけること）と位置づけ、国際的な比較考察を行っている（福田 2020）。ただ、福田や三木も指摘するように、慰霊・追悼儀礼は必ずしも宗教者・宗教団体が主催するものばかりではないことにも注意を向ける必要がある。

　　被災者への「心の　　被災者への「心のケア」をめぐる宗教・宗派を越え
　　　ケア」と宗教者　　　た連携が、東日本大震災をきっかけとして展開した。
宮城県の市営斎場で生まれた「心の相談室」と、その活動をもとにして設立された東北大学大学院文学研究科実践宗教学寄附講座とそれによる「**臨床宗教師**」養成の動きである。

　「心のケア」という言葉は、阪神・淡路大震災をきっかけに広く使われるようになったものだが、その難しさも議論されてきた（三木編 2001）。精神科医や臨床心理士などの専門家がクライアントとの固定的な関係のもとで行うようなカウンセリングを被災地で不特定多数の人びとに対して行おうとしても、実際にそれを受けようとする人は少ない。そこで、カフェやサロン、足湯などの交流の場に集う人びとに寄り添い、傾聴するといった、専門家だけでなく一般のボランティアなども担いうる「心のケア」の活動が実践されるようになってき

た。

　「心の相談室」は、諸宗教合同での読経、祈りが発端となっている。在宅ホスピスケアに取り組んできた岡部健医師が室長となり、宗教者、医療者、グリーフケアの専門家が相談を受け付けた。また曹洞宗僧侶の金田諦應師らによる移動傾聴喫茶カフェ・デ・モンクと連携し、ラジオ番組や超宗教の弔いを行ってきた（谷山 2016）。

　「心のケア」を宗教者が行うとき、みずからの信仰に基づいて各教団独自の方法で被災者に「心のケア」を行ってよいのだろうかという問題が起こる。これを回避しようとすると、一般のボランティアと何が違うのかということも指摘される（国際宗教研究所編ほか 1996）。しかし、独自の教えを説いて死別や喪失を意味づけることで、被災した人びとをさらに苦しめることがある。ましてやそれに乗じて献金を求めるようなことはあってはならないだろう（藤田 2013）。

　こうしたことから、「臨床宗教師」の養成では、「ケア対象者の信念、信仰、価値観の尊重」や「臨床宗教師自身の信仰を押しつけない」ことを強調している（谷山 2016）。

3 「心のケア」をめぐる相互インタビュー

テーマと手法　宗教者による被災者の「心のケア」はどのように行えば有効だろうか。前節で述べた、一般社会の認知・関心や、「心のケア」の難しさ、また自身のこれまでの経験からくる思いなどをまじえながら、相互インタビューによって探っていこう。

ねらい　災害に遭ったときの状況を一人ひとりができるだけ身近に引き寄せながら考えつつ、語り聴きあえる場を作ることで、「心のケア」の必要性と難しさ、そこでの宗教者のかかわり方への理解を進める。

相互インタビューの手順　ワークに入る前に、あらかじめ宗教者による被災者の「心のケア」の具体的な取り組みについて触れてい

る文献（三木編 2001、北村 2013、稲場・黒崎編 2013、藤丸 2013、谷山 2016、河北新報社編集局編 2016）や、「東北大学大学院文学研究科実践宗教学寄附講座」のウェブサイトに掲載されているニュースレター、グリーフケアやスピリチュアル・ケア全般について論じている文献（髙木編 2012）などを読み、理解を深めておこう。その一例を巻末資料として掲載したので、あわせて参照してほしい（第15章　資料）。

　2人1組となり、聞き手（インタビューア）と話し手（インタビューイ）を決める。聞き手は話し手に、宗教者による被災者の「心のケア」の取り組みについてどう思うかを尋ねる。次にそれらの活動にはどのような意味や役割があるかを聞く。最後に、今後望まれる「心のケア」のあり方を質問する。終わったら聞き手と話し手が交代してインタビューを行おう。

　相互インタビューの終了後、ペアごとにその要点を発表しよう。

4　霊性に寄り添う

霊性の探求とその援助　　災害に遭った人が経験する、死別をはじめとする喪失と、そこから生じる感情（グリーフ。一般に「悲嘆」と訳されるが、「悲しみ」だけとは限らない（尾角 2014））。このような「生と死のはざま」にある経験を、社会学者の金菱清は「**霊性**」としてとらえ、被災地におけるその諸相を学生たちとフィールドワークしている（金菱清（ゼミナール）編 2016）。

　「霊性」はスピリチュアリティ（spirituality）の訳語である。1967 年にイギリスで医師 C. ソンダースによってはじまったホスピス運動は、終末期患者の「トータル・ペイン」（全人的な痛み）への緩和ケアを実践してきたが、そこでは「スピリチュアル・ペイン」（霊的な痛み）に焦点が当てられてきた。谷山（2016）は「スピリチュアリティ」を「自身の超感覚的な体験を意味づけるはたらき」と定義し、その探求を援助することが「スピリチュアル・ケア」であるとしている。

　被災地で生まれる霊性の経験に寄り添い、それを援助するはたらき、そしてときには被災者の求めに応じて、儀礼などの宗教的なケアも所属の異なる宗教者と連携して行うことが、臨床宗教師のつとめであるといえる。

「心のケア」をめぐ
る視野を広げる

　災害時の「心のケア」をめぐる知見は国際的な共有
がなされている。そのひとつ、「サイコロジカル・
ファーストエイド」は、アメリカ国立子どもトラウマティックストレス・ネッ
トワークと国立 PTSD センターが開発し、米国で起こった地震や水害、テロ
事件などの経験はもとより、アジア各地の災害の経験も踏まえて書かれたもの
で、各言語に翻訳されている。ここにも「悲嘆と信仰の問題」という一節が設
けられており、「多くの場合、求められることは、ただ話を聴いたり、付き添っ
たりするだけです」という前提のもとで、被災者の宗教的な求めに応じる際の
留意点が記されている（アメリカ国立子どもトラウマティックストレス・ネットワーク
ほか 2011）。

　災害と復興の過程のなかで、グリーフに寄り添う役割は、専門的職能者であ
る宗教者にのみ求められていたわけではない。災害時などでのトラウマ体験を
研究している宮地尚子（2011）は、文学、詩やアートにも期待を寄せる。また、
「宗教やスピリチュアルな領域」として、「口承伝承の再評価、祭りや儀礼の復
活再生、新たなタイプの祭りや儀礼の創造」も挙げている。

　東日本大震災において死者の霊を感じるという「霊的体験」をめぐって、被
災地で活動する宗教者と被災者に質問紙調査と聞き取り調査を行った高橋原と
堀江宗正は、被災者が故人との「継続する連帯」によって生きるための方向づ
けを与えられていることを見出している。そこでは伝統的な宗教儀礼も重要な
役割を果たしているが、震災前から自死や孤立死といった共同体の分断にかか
わる問題に取り組んできた宗教者も傾聴活動を通じてこの連帯を支えていると
いう（高橋・堀江 2021）。

　災害時の霊性の経験に寄り添う宗教文化の役割への知見は、より豊かなもの
になりつつある。

ワーク2

　まず、インタビュー前の、宗教者による被災者の「心のケア」についての
自分の見解を記そう。次に、インタビュー相手から聞き出したことを書き留
めよう。最後に、インタビュー後の、宗教者による被災者の「心のケア」に
ついての自分の見解を述べよう。

キーワード

「心のケア」

　　阪神・淡路大震災において注目された言葉。臨床心理学者の倉戸ヨシヤ（1996）は狭義と広義とがあるとし、前者は心的外傷（トラウマ）に対する精神医学的・臨床心理学的介入、後者は「心を痛めている人に寄り添い、ともに嘆き・痛みを分かちあい・心を配ること」であるとする。その手法は一対一の相談・カウンセリングだけではない。避難所や仮設住宅の集会所などでのお茶飲みや手仕事、足湯などでの交流、またそれらを通じての傾聴も含まれる。

臨床宗教師

　　欧米諸国をはじめとする諸外国の医療施設、刑務所、戦場、災害現場などで収容者、被災者の宗教的ニーズに応える宗教者を「チャプレン」と呼ぶ。東日本大震災での「心の相談室」の活動を踏まえて東北大学に日本版チャプレン養成の講座を設ける際に、チャプレンにあたる言葉として造られた。日本臨床宗教師会が2016年に発足し、他大学、他地域にも広がりつつある。他に日本スピリチュアルケア学会による「スピリチュアルケア師」、全国青少年教化協議会による「臨床仏教師」などの資格認定の取り組みもある。

霊性（スピリチュアリティ）

　　この語にはさまざまな定義、用法があるが、樫尾直樹（2005）は宗教の制度・集団的側面よりも個人の経験に焦点を当てていることと、不可知・不可視な存在との神秘的なつながりという2つの点に特徴づけられるとする。

ブックガイド

稲場圭信・黒崎浩行編『震災復興と宗教』（叢書　宗教とソーシャル・キャピタル4）明石書店、2013年

　　「震災復興に宗教者は何ができたのか」という問いのもとで、東日本大震災における宗教者・宗教団体の支援活動と、研究者や大学、市民活動との連携の動き、心のケアと復興へのかかわりについてまとめている。

三木英編『復興と宗教——震災後の人と社会を癒すもの』東方出版、2001年

　　阪神・淡路大震災とその復興過程における宗教団体の支援活動と、被災地での新たな聖地巡礼、被災者への質問紙調査結果などを分析し、震災復興における宗教の役割を問うている。

高橋原・堀江宗正『死者の力——津波被災地「霊的体験」の死生学』岩波書店、2021年

　　東日本大震災の被災地で聞かれた「霊的体験」の語りを中心にすえて、宗教心理学・死生学の立場から宗教者と被災者に調査を行い、生者と死者との「継続する連帯」と、それを支える儀礼、地域共同体、傾聴する宗教者などの役割を明らかにし、さらに理論的な考察を加えている。

引用文献一覧

〈第1章〉

石井研士，2007『データブック現代日本人の宗教（増補改訂版）』新曜社

―――，2008『テレビと宗教――オウム以後を問い直す』中公新書ラクレ

石井研士編，2010『バラエティ化する宗教』青弓社

磯前順一，2003『近代日本の宗教言説とその系譜――宗教・国家・神道』岩波書店

伊藤雅之，2007「社会に拡がるスピリチュアリティ文化――対抗文化から主流文化へ」張江洋直・大谷栄一編『ソシオロジカル・スタディーズ――現代日本社会を分析する』世界思想社

―――，2021『現代スピリチュアリティ文化論――ヨーガ，マインドフルネスからポジティブ心理学まで』明石書店

三枝充悳，1990『仏教入門』岩波新書

デュルケム，E.，1975『宗教生活の原初形態（上・下）』古野清人訳，岩波文庫

統計数理研究所，2016「日本人の国民性調査　集計結果　宗教を信じるか」2024年2月18日取得，http://www.ism.ac.jp/kokuminsei/table/data/html/ss3/3_1/3_1_all.htm

水越伸，2012「メディア・リテラシー」大澤真幸・吉見俊哉・鷲田清一編『現代社会学事典』弘文堂

柳川啓一，1991『現代日本人の宗教』法藏館

〈第2章〉

石井研士，2015「宗教法人と地方の人口減少」『宗務時報』(120)

板井正斉，2011『ささえあいの神道文化』弘文堂

稲場圭信・櫻井義秀編，2009『社会貢献する宗教』世界思想社

大阪大学・地域情報共創センター，2023「未来共生災害救援マップ」2023年12月28日取得，https://map.respect-relief.net/

大谷栄一・藤本頼生編，2012『地域社会をつくる宗教』明石書店

大野晃，2008『限界集落と地域再生』信濃毎日新聞社

公益財団法人庭野平和財団，2017『「宗教団体の社会貢献活動に関する調査」報告書（2016年6月実施）』2024年2月23日取得，http://www.npf.or.jp/pdf/2016_research.pdf

櫻井治男，2014『日本人と神様――ゆるやかで強い絆の理由』ポプラ新書

櫻井義秀，2012「過疎と寺院」大谷栄一・藤本頼生編『地域社会をつくる宗教』明石書店

―――，2016「人口減少社会における心のあり方と宗教の役割」櫻井義秀・川又俊則編『人口減少社会と寺院――ソーシャル・キャピタルの視座から』法藏館

内閣府国民生活局編，2003『ソーシャル・キャピタル――豊かな人間関係と市民活動の好循環を求めて』日本総合研究所

パットナム，R.D.，2001『哲学する民主主義――伝統と改革の市民的構造』河田潤一訳，NTT出版

広井良典，2005『ケアのゆくえ　科学のゆくえ』岩波書店

文化庁編，2023『宗教年鑑　令和5年版』2024年2月6日取得，http://www.bunka.go.jp/tokei_hakusho_shuppan/hakusho_nenjihokokusho/shukyo_nenkan/pdf/r05nenkan.pdf

増田寛也編，2014『地方消滅――東京一極集中が招く人口急減』中公新書

〈第3章〉

公益財団法人庭野平和財団，2017『「宗教団体の社会貢献活動に関する調査」報告書（2016年6月実施）』2024年2月23日取得，http://www.npf.or.jp/pdf/2016_research.pdf

文化庁編，2023『宗教年鑑　令和5年版』2024年2月6日取得，http://www.bunka.go.jp/tokei_hakusho_shuppan/hakusho_nenjihokokusho/shukyo_nenkan/pdf/r05nenkan.pdf

RIRCチャンネル（宗教情報リサーチセンター），2022「2020年には宗教法人数が減少――宗教知識　宗教法人についての基礎知識　「宗教ニュースを読み解く」No.6」2023年12月20日取得，https://www.youtube.com/watch?v=nXBiB3KdiyI

〈第4章〉

相澤秀生，2016「日本の中で「信仰」に生きる人々――あなたの知らない世界？」松島公望・川島大輔・西脇良編『宗教を心理学する――データから見えてくる日本人の宗教性』誠信書房

池上良正，2012「宗教研究の系譜」山折哲雄監修，川村邦光・市川裕・大塚和夫・奥山直司・山中弘編『宗教の事典』朝倉書店

石井研士，2020『日本人の一年と一生――変わりゆく日本人の心性〈改訂新版〉』春秋社

磯前順一，2003『近代日本の宗教言説とその系譜――宗教・国家・神道』岩波書店

エリアーデ, M., 1971『生と再生——イニシェーションの宗教的意義』堀一郎訳, 東京大学出版会

オーネット, 2015「第20回新成人意識調査 2015年新成人（全国600人）の生活・恋愛・結婚・社会参加意識」2016年4月1日取得, http://onet.rakuten.co.jp/company/activity/report/research/print/20150105.pdf

キロックムービー, 2009「衝撃！命知らずの男たち！！バヌアツ バンジージャンプ」2024年2月7日取得, https://www.youtube.com/watch?v=JIhSW-gGx2o

高橋敏, 2007『江戸の教育力』ちくま新書

鶴岡賀雄, 2004「権威・伝統・信仰」池上良正ほか編『岩波講座宗教2 宗教への視座』岩波書店

ファン＝ヘネップ, A., 2012『通過儀礼』綾部恒雄・綾部裕子訳, 岩波文庫

宮前耕史, 2014「青年と成人儀礼」谷口貢・板橋春夫編『日本人の一生——通過儀礼の民俗学』八千代出版

〈第5章〉

岡本健編, 2019『コンテンツツーリズム研究——アニメ・マンガ・ゲームと観光・文化・社会〔増補改訂版〕』福村出版

折口博士記念古代研究所編, 1975『折口信夫全集 第2巻（古代研究 民俗学篇1）』中公文庫

神崎宣武, 1993『盛り場の民俗史』岩波新書

神社本庁編, 1995『全国神社祭祀祭礼総合調査——平成の神名帳を目指して』神社本庁

薗田稔, 1973「祭」小口偉一・堀一郎監修『宗教学辞典』東京大学出版会

西角井正慶, 1957『祭祀概論』神社新報社

原田敏明, 2004『宗教 神 祭』岩田書院

藤本頼生, 2010「神社の祭日変容をめぐる現状と課題——祭礼日の近現代」『國學院大學伝統文化リサーチセンター研究紀要』(2)

船津衛・浅川達人, 2014『現代コミュニティとは何か——「現代コミュニティの社会学」入門』恒星社厚生閣

柳田國男, 1990「日本の祭」『柳田國男全集13』ちくま文庫

米山俊直, 1986『都市と祭りの人類学』河出書房新社

〈第6章〉

岡本健, 2018『アニメ聖地巡礼の観光社会学——コンテンツツーリズムのメディア・コミュニケーション分析』法律文化社

岡本亮輔, 2015『聖地巡礼——世界遺産からアニメの舞台まで』中公新書

門田岳久, 2013『巡礼ツーリズムの民族誌——消費される宗教経験』森話社

川喜田二郎, 2017『発想法——創造性開発のために 改版』中公新書

星野英紀, 1981『巡礼——聖と俗の現象学』講談社現代新書

森正人, 2014『四国遍路——八八ヶ所巡礼の歴史と文化』中公新書

山中弘編, 2012『宗教とツーリズム——聖なるものの変容と持続』世界思想社

〈第7章〉

井上順孝, 2020『グローバル化時代の宗教文化教育』弘文堂

江原武一編, 2003『世界の公教育と宗教』東信堂

大宮有博, 2014「「生命に対する畏敬」の念を育てる公立学校の道徳教育と宗教学校の宗教教育」『名古屋学院大学論集社会科学篇』50(4)

貝塚茂樹, 2009『道徳教育の教科書』学術出版会

金森俊朗, 2007『いのちの教科書——生きる希望を育てる』角川文庫

川又俊則, 2009「〈いのち〉と〈宗教〉の教育実践の考察——三重県内の学校を中心に」『宗教学論集』28

國學院大學博物館, 2024「宗教文化教育の教材に関する総合研究」2024年2月2日取得, http://www2.kokugakuin.ac.jp/erc/index.html

国際宗教研究所編, 2007『現代宗教2007』秋山書店

近藤卓編, 2007『いのちの教育の理論と実践』金子書房

宗教教育研究会編, 2010『宗教を考える教育』教文館

宗教情報リサーチセンター, 2024「宗教系学校リンク集」2024年2月2日取得, https://rirc.or.jp/database/?page_id=180

宗教文化教育推進センター, 2024a「教材」2024年2月2日取得, https://www.cerc.jp/kyozai.html

———, 2024b「CERCとは」2024年2月2日取得, https://www.cerc.jp/aboutus.html

菅原伸郎, 1999『宗教をどう教えるか』朝日選書

世界の宗教教科書プロジェクト編, 2008『世界の宗教教科書DVD-ROM』大正大学出版会

中央教育審議会, 2014「道徳に係る教育課程の改善等について（答申）」（中教審第176号）2023年2月27日取得, https://www.mext.go.jp/b_

menu/shingi/chukyo/chukyo 0/toushin/__
icsFiles/afieldfile/2014/10/21/1352890_1.pdf

藤原聖子，2011a『教科書の中の宗教——この奇
　妙な実態』岩波新書

————，2011b『世界の教科書でよむ〈宗教〉』
　ちくまプリマー新書

————，2017『ポスト多文化主義教育が描く
　宗教——イギリス〈共同体の結束〉政策の功
　罪』岩波書店

ベッカー，C.・弓山達也編，2009『いのち・教育・
　スピリチュアリティ』大正大学出版会

宮崎元裕，2016「多文化社会における宗教教
　育——寛容さと論理性を基調として」村田翼
　夫・上田学・岩槻知也編『日本の教育をどうデ
　ザインするか』東信堂

文部科学省，2017『小学校学習指導要領』2023
　年2月27日取得, https://www.mext.go.jp/content/
　20230120-mxt_kyoiku02-100002604_01.pdf

————，2022「学校基本調査——令和4年
　度 結果の概要」2024年2月2日取得，https://
　www.mext.go.jp/b_menu/toukei/chousa01/kihon/
　kekka/k_detail/1419591_00007.htm

〈第8章〉

牛山佳幸，2008「女人禁制・女人結界」金子幸
　子・黒田弘子・菅野則子・義江明子編『日本女
　性史大辞典』吉川弘文館

宇田川妙子，2003「ジェンダーの人類学」綾部
　恒雄編『文化人類学のフロンティア』ミネル
　ヴァ書房

勝浦令子，1995『女の信心——妻が出家した時代』
　平凡社

川橋範子，2004「分ける」関一敏・大塚和夫編『宗
　教人類学入門』弘文堂

木津譲，1993『女人禁制——現代穢れ・清め考』
　解放出版社

小林奈央子，2016「ロマン化されたイメージに
　抗う」川橋範子・小松加代子編『宗教とジェン
　ダーのポリティクス——フェミニスト人類学
　のまなざし』昭和堂

————，2024「女人禁制・穢れ」ジェンダー
　事典編集委員会編『ジェンダー事典』丸善出版

平雅行，1992『日本中世の社会と仏教』塙書房

源淳子編，2005『「女人禁制」Q&A』解放出版
　社

〈第9章〉

井上順孝編集責任，2015『第12回学生宗教意識
　調査報告』國學院大學日本文化研究所

井上順孝責任編集，宗教情報リサーチセンター編，
　2011『情報時代のオウム真理教』春秋社

————，2015『〈オウム真理教〉を検証す
　る——そのウチとソトの境界線』春秋社

紀藤正樹，2017『決定版 マインド・コントロー
　ル』アスコム

————，2022『カルト宗教』アスコム

紀藤正樹・山口貴士，2007『カルト宗教——性
　的虐待と児童虐待はなぜ起きるのか』アスコム

公安調査庁，2023「内外情勢の回顧と展望」
　2024年2月7日取得, https://www.moj.go.jp/
　content/001386265.pdf

郷路征記，2022『統一協会マインド・コントロー
　ルのすべて』花伝社

櫻井義秀，2014『カルト問題と公共性——裁判・
　メディア・宗教研究はどう論じたか』北海道大
　学出版会

櫻井義秀・中西尋子，2010『統一教会——日本
　宣教の戦略と韓日祝福』北海道大学出版会

櫻井義秀編，2009『カルトとスピリチュアリ
　ティ——現代日本における「救い」と「癒し」
　のゆくえ』ミネルヴァ書房

————，2015『カルトからの回復——心のレ
　ジリアンス』北海道大学出版会

櫻井義秀・大畑昇編，2012『大学のカルト対策』
　北海道大学出版会

塚田穂高，2012「社会問題化する宗教——「カル
　ト問題」の諸相」髙橋典史・塚田穂高・岡本亮
　輔編『宗教と社会のフロンティア——宗教社会
　学からみる現代日本』勁草書房

————，2014「偽装・虚勢・無反省——「新
　新宗教」に蔓延する諸問題」『中央公論』
　（1562）

藤田庄市，2008『宗教事件の内側——精神を呪
　縛される人びと』岩波書店

————，2017『カルト宗教事件の深層——「ス
　ピリチュアル・アビュース」の論理』春秋社

民事法研究会・日本消費経済新聞社編，2003『消
　費者法ニュース 別冊 宗教トラブル特集』消
　費者法ニュース発行会議

山口広・滝本太郎・紀藤正樹，2015『Q&A 宗
　教トラブル110番（第3版）』民事法研究会

渡辺学，2014『オウムという現象——現代社会
　と宗教』晃洋書房

〈第10章〉

芦部信喜，2023『憲法（第八版）』髙橋和之補訂,
　岩波書店

カサノヴァ，J.，2011「公共宗教を論じなおす」
　藤本龍児訳，磯前順一・山本達也編『宗教概念
　の彼方へ』法藏館

島薗進，2010『国家神道と日本人』岩波新書

ハーバーマス，J.，2014「公共圏における宗教——

宗教的市民と世俗的市民による「理性の公共的使用」のための認知的前提」鏑木政彦訳，島薗進・磯前順一編『宗教と公共空間——見直される宗教の役割』東京大学出版会

藤本龍児，2009『アメリカの公共宗教——多元社会における精神性』NTT 出版

————，2021『「ポスト・アメリカニズム」の世紀——転換期のキリスト教文明』筑摩選書

ベラー，R. N.，1973「アメリカの市民宗教」『社会変革と宗教倫理』河合秀和訳，未來社

〈第 11 章〉

アハメド，L.，2000『イスラームにおける女性とジェンダー——近代論争の歴史的根源』林正雄ほか訳，法政大学出版局

アブー＝ルゴド，L.，2018『ムスリム女性に救援は必要か』鳥山純子・嶺崎寛子訳，書肆心水

荒木亮，2022『現代インドネシアのイスラーム復興——都市と村落における宗教文化の混成性』弘文堂

帯谷知可，2022『ヴェールのなかのモダニティ——ポスト社会主義国ウズベキスタンの経験』東京大学出版会

後藤絵美，2014『神のためにまとうヴェール——現代エジプトの女性とイスラーム』中央公論新社

サイード，E. W.，1993『オリエンタリズム（上・下）』板垣雄三・杉田英明監修，今沢紀子訳，平凡社ライブラリー

佐藤兼永，2015『日本の中でイスラム教を信じる』文藝春秋

スコット，J. W.，2012『ヴェールの政治学』李孝徳訳，みすず書房

長沢栄治監修，鷹木恵子編，2020『イスラーム・ジェンダー・スタディーズ 2　越境する社会運動』明石書店

伊達聖伸，2018『ライシテから読む現代フランス——政治と宗教のいま』岩波新書

店田廣文，2021「世界と日本のムスリム人口 2019/2020 年」2023 年 12 月 25 日取得，https://www.imemgs.com/wp-content/uploads/2021/11/muslim-population-2019-2020.pdf

鳥山純子，2018「ジェンダーから考えるイスラーム」小杉泰・黒田賢治・二ツ山達朗編『大学生・社会人のためのイスラーム講座』ナカニシヤ出版

中田考監修，黎明イスラーム学術・文化振興会責任編集，2014『日亜対訳　クルアーン』中田香織・下村佳州紀訳，作品社

嶺崎寛子，2015『イスラーム復興とジェンダー——現代エジプト社会を生きる女性たち』

昭和堂

————，2022「イスラーム」島薗進・奥山倫明編『いまを生きるための宗教学』丸善出版

メルニーシー，F.，2003『ヴェールよさらば——イスラム女性の反逆』庄司由美ほか訳，心泉社

森千香子，2007「フランスの「スカーフ禁止法」論争が提起する問い——「ムスリム女性抑圧」批判をめぐって」内藤正典・阪口正二郎編『神の法 vs. 人の法——スカーフ論争からみる西欧とイスラームの断層』日本評論社

ヨプケ，C.，2015『ヴェール論争——リベラリズムの試練』伊藤豊・長谷川一年・竹島博之訳，法政大学出版局

李孝徳，2016「フランス共和主義とイスラーム嫌悪（フォビア）」長谷部美佳・受田宏之・青山亨編『多文化社会読本——多様なる世界，多様なる日本』東京外国語大学出版会

〈第 12 章〉

梶田孝道，2002「日本の外国人労働者政策——政策意図と現実の乖離という視点から」梶田孝道・宮島喬編『国際化する日本社会』東京大学出版会

佐藤兼永，2015『日本の中でイスラム教を信じる』文藝春秋

塩原良和，2012『共に生きる——多民族・多文化社会における対話』弘文堂

出入国在留管理庁編，2023『2023 年版「出入国在留管理」』出入国在留管理庁

総務省，2006「多文化共生の推進に関する研究会報告書——地域における多文化共生の推進に向けて」2017 年 2 月 28 日取得，https://www.soumu.go.jp/kokusai/pdf/sonota_b5.pdf

高橋典史，2015「現代日本の「多文化共生」と宗教——今後に向けた研究動向の検討」『東洋大学社会学部紀要』52（2）

高橋典史・白波瀬達也・星野壮編，2018『現代日本の宗教と多文化共生——移民と地域社会の関係性を探る』明石書店

店田廣文，2021「世界と日本のムスリム人口 2019/2020 年」2023 年 12 月 25 日取得，https://www.imemgs.com/wp-content/uploads/2021/11/muslim-population-2019-2020.pdf

店田廣文著，NIHU（人間文化研究機構）プログラムイスラーム地域研究監修，2015『日本のモスク——滞日ムスリムの社会的活動』山川出版社

谷大二ほか，2008『移住者と共に生きる教会』女子パウロ会

永吉希久子編，2021『日本の移民統合——全国調査から見る現況と障壁』明石書店

法務省入国管理局編，2015『出入国管理　平成27年版』法務省入国管理局

三木英，2012「移民たちにとって宗教とは──日本が経験する第三期のニューカマー宗教」三木英・櫻井義秀編『日本に生きる移民たちの宗教生活──ニューカマーのもたらす宗教多元化』ミネルヴァ書房

〈第13章〉

石井研士，2007『データブック現代日本人の宗教（増補改訂版）』新曜社

井上治代，2003『墓と家族の変容』岩波書店

岩田重則，2003『墓の民俗学』吉川弘文館

NHK放送文化研究所編，2020『現代日本人の意識構造（第9版）』NHK出版

厚生労働省，2023a「令和4年度衛生行政報告例　第4章　生活衛生5　墓地・火葬場・納骨堂数，経営主体・都道府県－指定都市－中核市（再掲）別」2024年3月3日取得，https://www.e-stat.go.jp/stat-search/files?page=1&layout=dataset&toukei=00450027&tstat=000001031469&cycle=8&year=20221&month=0&tclass1=000001207660&stat_infid=000040111951

───，2023b「令和4年度衛生行政報告例　第4章　生活衛生6　埋葬及び火葬の死体・死胎数並びに改葬数，都道府県－指定都市－中核市（再掲）別」2024年2月2日取得，https://www.e-stat.go.jp/stat-search/files?page=1&layout=dataset&toukei=00450027&tstat=000001031469&cycle=8&year=20221&month=0&tclass1=000001207660&stat_infid=000040111952

小谷みどり，2014「宗教的心情としてしきたりの関連」『LifeDesignREPORT』Winter，2024年2月2日取得，https://www.dlri.co.jp/pdf/ld/01-14/notes1401.pdf

───，2015『だれが墓を守るのか──多死・人口減少社会のなかで』岩波書店

新谷尚紀，2015『葬式は誰がするのか──葬儀の変遷史』吉川弘文館

鈴木岩弓，2005「家墓」新谷尚紀・関沢まゆみ編『民俗小事典　死と葬送』吉川弘文館

竹田聴洲，1976『日本人の「家」と宗教』評論社

圭室文雄，1999『葬式と檀家』吉川弘文館

槙村久子，2013『お墓の社会学──社会が変わるとお墓も変わる』晃洋書房

森岡清美，1984『家の変貌と先祖の祭』日本基督教団出版局

山田慎也，2014「死と葬儀」互助会保証株式会社・一般社団法人全日本冠婚葬祭互助協会編『冠婚葬祭の歴史──人生儀礼はどう営まれてきたか』水曜社

〈第14章〉

粟津賢太，2017『記憶と追悼の宗教社会学──戦没者祭祀の成立と変容』北海道大学出版会

大谷栄一，2004「靖国神社と千鳥ヶ淵戦没者墓苑の歴史──戦没者の位置づけをめぐって」国際宗教研究所編，井上順孝・島薗進監修『新しい追悼施設は必要か』ぺりかん社

加藤克夫，2007「二つの世界大戦」中井義明・佐藤専次・渋谷聡・加藤克夫・小澤卓也『教養のための西洋史入門』ミネルヴァ書房

環境省，2023「千鳥ヶ淵戦没者墓苑」2023年3月7日取得，http://www.env.go.jp/garden/chidorigafuchi/

小関隆，1999「コメモレイションの文化史のために」阿部安成ほか編『記憶のかたち──コメモレイションの文化史』柏書房

小林惇道，2016「戦没者慰霊研究」寺田喜朗・塚田穂高・川又俊則・小島伸之編『近現代日本の宗教変動──実証的宗教社会学の視座から』ハーベスト社

千鳥ヶ淵戦没者墓苑奉仕会編，2009『千鳥ヶ淵戦没者墓苑創建50年史』千鳥ヶ淵戦没者墓苑奉仕会

浜井和史，2014『海外戦没者の戦後史──遺骨帰還と慰霊』吉川弘文館

早瀬晋三，2018『グローバル化する靖国問題──東南アジアからの問い』岩波書店

藤田大誠，2008「日本における慰霊・追悼・顕彰研究の現状と課題」國學院大學研究開発推進センター編『慰霊と顕彰の間──近現代日本の戦死者観をめぐって』錦正社

藤本頼生，2012「靖国神社──戦没者の慰霊・追悼・顕彰の聖地」星野英紀・山中弘・岡本亮輔編『聖地巡礼ツーリズム』弘文堂

───，2013「慰霊・追悼の政治性・宗教性──問題視される「慣習」とは何か」國學院大學研究開発推進センター編『招魂と慰霊の系譜──「靖國」の思想を問う』錦正社

藤原帰一，2001『戦争を記憶する──広島・ホロコーストと現在』講談社現代新書

靖國神社監修，所功編，2007『新・ようこそ靖國神社へ──オフィシャルガイドブック』近代出版社

靖國神社，2023「靖國神社について」2023年3月7日取得，http://www.yasukuni.or.jp/history/

〈第15章〉

アメリカ国立子どもトラウマティックストレス・ネットワーク／アメリカ国立PTSDセンター，

2011『災害時のこころのケア──サイコロジカル・ファーストエイド　実施の手引き（原書第2版）』兵庫県こころのケアセンター訳, 医学書院

稲場圭信・黒崎浩行編, 2013『震災復興と宗教』明石書店

尾角光美, 2014『なくしたものとつながる生き方』サンマーク出版

岡本仁宏, 2014「東日本大震災における18宗教団の被災者・地支援活動調査について──調査報告に, 若干の考察を加えて」(日本NPO学会 Discussion Paper 2014-003-J) 2024年1月30日取得, http://janpora.org/dparchive/pdf/2014003J.pdf

樫尾直樹, 2005「スピリチュアリティ」井上順孝編『現代宗教事典』弘文堂

金菱清（ゼミナール）編, 2016『呼び覚まされる霊性の震災学──3.11 生と死のはざまで』新曜社

河北新報社編集局編, 2016『挽歌の宛先──祈りと震災』公人の友社

川村一代, 2012『光に向かって──3.11で感じた神道のこころ』晶文社

北村敏泰, 2013『苦縁──東日本大震災　寄り添う宗教者たち』徳間書店

倉戸ヨシヤ, 1996「ボランティアが直面した心の問題」岡堂哲雄編『現代のエスプリ　別冊　被災者の心のケア』至文堂

公益財団法人庭野平和財団, 2013「「宗教団体の社会貢献活動に関する調査」報告書（2012年4月実施)』2024年1月30日取得, http://www.npf.or.jp/pdf/2012_research.pdf

国際宗教研究所編, 中牧弘允・対馬路人責任編集, 1996『阪神大震災と宗教』東方出版

宗教者災害支援連絡会編, 蓑輪顕量・稲場圭信・黒﨑浩行・葛西賢太責任編集, 2016『災害支援ハンドブック──宗教者の実践とその協働』春秋社

髙木慶子編, 2012『グリーフケア入門──悲嘆のさなかにある人を支える』勁草書房

高橋原・堀江宗正, 2021『死者の力──津波被災地「霊的体験」の死生学』岩波書店

谷山洋三, 2016『医療者と宗教者のためのスピリチュアルケア──臨床宗教師の視点から』中外医学社

千葉望, 2012『共に在りて──陸前高田・正徳寺, 避難所となった我が家の140日』講談社

福田雄, 2020『われわれが災禍を悼むとき──慰霊祭・追悼式の社会学』慶應義塾大学出版会

藤田庄市, 2013「大震災　問題教団の内在的論理──宗教的脅迫と社会との精神的断絶」国際宗教研究所編『現代宗教2013』秋山書店

藤丸智雄, 2013『ボランティア僧侶──東日本大震災　被災地の声を聴く』同文舘出版

星野英紀・弓山達也編, 2019『東日本大震災後の宗教とコミュニティ』ハーベスト社

三木英, 2015『宗教と震災──阪神・淡路, 東日本のそれから』森話社

三木英編, 2001『復興と宗教──震災後の人と社会を癒すもの』東方出版

宮地尚子, 2011『震災トラウマと復興ストレス』岩波書店

Graf, T., 2015, "Buddhism after the Tsunami : The Souls of Zen 3/11 Japan Special（Classroom Edition)" 2023年12月25日取得, https://vimeo.com/158309233

紹介マップ・動画一覧

（リンクの確認は，2024 年 2 月 7 日時点）

〈第 2 章〉

大阪大学・地域情報共創センター
「未来共生災害救援マップ」
https://map.respect-relief.net/

〈第 3 章〉

RIRC チャンネル（宗教情報リサーチセンター），2022
「2020 年には宗教法人数が減少──宗教法人についての基礎知識「宗教ニュースを読み解く」
No. 6」
https://www.youtube.com/watch?v=nXBiB3KdiyI

〈第 4 章〉

キロックムービー，2009
「衝撃！命知らずの男たち！！バヌアツ　バンジージャンプ」
https://www.youtube.com/watch?v=JIhSW-gGx2o

〈第 15 章〉

Graf, T., 2015
"Buddhism after the Tsunami : The Souls of Zen 3/11 Japan Special (Classroom Edition)"
https://vimeo.com/158309233

あとがき

　15章にわたる宗教との格闘を経て今、みなさんが思うことはどのようなことでしょうか？　ワークでは仲間たちの自分とは異なる見方に出会えたでしょうか？　「もっと勉強してから議論しなおしてみたい！」「違うメンバーでもやってみたい！」、そんな思いをもった章もあったかもしれません。

　現代の日本社会でも宗教は遠い世界での出来事ではありません。地域社会には寺院や神社、教会があり、お祭りやお葬式、巡礼の聖地などとしてそれぞれの役割を果たしています。みなさんのなかにも「成人式」やお墓参りに参加したことがある人、戦没者への追悼の念をもったことがある人がいるでしょう。

　また、現代社会においては多様な宗教的背景をもった人びとと出会う機会が増えています。公共領域における宗教はどうあるべきなのか。移民とどう向きあっていくのか。宗教とジェンダーの関係はどうとらえたらよいのか。この本で考えてきた問いは容易に答えが出ないものばかりです。

　これらの問いに向きあうためには、多くの人と意見を出しあい考えていくことが大切です。みなさんはワークを通して、それを実感したはずです。

　この本を書くにあたって私たちは、宗教について学び、考えることの楽しさをみなさんに伝えるにはどうしたらいいか、共に考え、話しあってきました。

　どの章も、数度の修正を経て完成しました。アクティブな宗教学の教科書を作ろうという主旨を理解し、ご助力くださった執筆者の方がたには大感謝です。

　しかし、じつは、この本はまだ完成していません。

　この本は、実際に各章のワークシートにみなさん自身がワークを通して学び、考えたことを書き込むことで完成するのです。

　完成した本は一つひとつ違っているでしょう。そこから生まれる新たな問いを、みなさんとともに考えていくことを楽しみにしています。

（編者　猪瀬優理）

巻末資料

第2章第1節 国語／第2 各学年の目標及び内容〔第1学年及び第2学年〕

2 内容〔知識及び技能〕

(3)我が国の言語文化に関する次の事項を身に付けることができるよう指導する。

ア 昔話や神話・伝承などの読み聞かせを聞くなどして、我が国の伝統的な言語文化に親しむこと。

第2章第2節 社会／第2 各学年の目標及び内容〔第4学年〕

2 内容

(4)県内の伝統や文化、先人の働きについて、学習の問題を追究・解決する活動を通して、次の事項を身に付けることができるよう指導する。

ア 次のような知識及び技能を身に付けること。

　(ア)県内の文化財や年中行事は、地域の人々が受け継いできたことや、それらには地域の発展など人々の様々な願いが込められていることを理解すること。

　(イ)地域の発展に尽くした先人は、様々な苦心や努力により当時の生活の向上に貢献したことを理解すること。

第3章 特別の教科 道徳／第2 内容

C 主として集団や社会との関わりに関すること〔伝統と文化の尊重、国や郷土を愛する態度〕

〔第1学年及び第2学年〕

　我が国や郷土の文化と生活に親しみ、愛着をもつこと。

〔第3学年及び第4学年〕

　我が国や郷土の伝統と文化を大切にし、国や郷土を愛する心をもつこと。

〔第5学年及び第6学年〕

　我が国や郷土の伝統と文化を大切にし、先人の努力を知り、国や郷土を愛する心をもつこと。

D 主として生命や自然、崇高なものとの関わりに関すること〔生命の尊さ〕

〔第1学年及び第2学年〕

　生きることのすばらしさを知り、生命を大切にすること。

〔第3学年及び第4学年〕

　生命の尊さを知り、生命あるものを大切にすること。

〔第5学年及び第6学年〕

　生命が多くの生命のつながりの中にあるかけがえのないものであることを理解し、生命を尊重すること。

第5章　総合的な学習の時間／第2　各学校において定める目標及び内容

3　各学校において定める目標及び内容の取扱い

(5)目標を実現するにふさわしい探究課題については、学校の実態に応じて、例えば、国際理解、情報、環境、福祉・健康などの現代的な諸課題に対応する横断的・総合的な課題、地域の人々の暮らし、伝統と文化など地域や学校の特色に応じた課題、児童の興味・関心に基づく課題などを踏まえて設定すること。

　（『小学校学習指導要領』2017年3月告示（2023年2月27日取得、https://www.mext.go.jp/content/20230120-mxt_kyoiku02-100002604_01.pdf より抜粋）

第9章　資料

1　……わが国の社会一般の倫理観・価値観においては、人は故なき隷属から解放されるべきであるから、信仰による隷属は、あくまで、自由な意思決定を経たものでなければならない。信仰を得るかどうかは情緒的な決定であるから、ここでいう自由な意思決定とは、健全な情緒形成が可能な状態でされる自由な意思決定であるということができる。

　したがって、宗教の伝道・教化活動は、自由な意思決定を歪めないで、信仰を受け入れるという選択、あるいは、信仰を持ち続けるという選択をさせるものでなければならない。

2　伝道活動についてみると、信仰を受け入れさせるという宗教の伝道活動は、まず第一に、神の教えであること（教えの宗教性あるいは神秘性）を明らかにした上で相手方に信仰を得させようとするものでなければならないとすべきである。神秘と事実を混同した状態で信仰を得させることは、神秘に帰依するという認識なしに信仰を得させ、自由な意思決定に基づかない隷属を招くおそれがあるため、不正な伝道活動であるといわなければならない。

　次に、入信後に特異な宗教的実践が求められる場合、その宗教の伝道活動においては、入信後の宗教的実践内容がどのようなものとなるのかを知らせるものでなければならないとすべきである。信仰を得させた後で初めて特異な宗教的実践を要求することは、結局、自由な意思決定に基づかない隷属を強いるおそれがあるため、不正な伝道活動であるといわなければならない。

3　次に、教化活動についてみると、信仰を維持させるという宗教の教化活動の場面

においても、歪んだ形で情緒を形成させることは許されない。人は、信者以外の家族や友人・知人とのつながりにより常に情緒面での変化を遂げるから、一旦得た信仰であっても、これをいつまでも持ち続けるとは限らない。これは仕方のないことである。信仰の維持を強制するため、人の情緒面での変化をもたらす家族や友人・知人との接触を断ち切り、歪んだ形で情緒を形成させ、信仰を維持させることは、不正な教化活動であるといわなければならない。

　また、宗教教義の実践をさせるという教化活動においては、不安や恐怖を煽ってどのような宗教教義の実践をさせても良いと考えることはできない。

　……祈りをするしないは純粋に人の内面にとどまる問題であるが、金銭拠出の不足を信仰の怠りとした場合、これによって生ずる問題は人の内面にとどまらない。信者は、救済が否定されてしまう不安や恐怖に煽られ、金銭拠出に不足が生じないよう、貴重な蓄えを宗教団体に差し出して経済的困窮に陥るかもしれないし、どのような手段を講じてでも金銭を手に入れようとするかもしれず、社会的に看過できない事態が生じるおそれが強いからである。

　したがって、金銭拠出の不足を信仰の怠りとし、そのことが救済の否定につながるとの教化活動は、その程度が行き過ぎとみられる場合には、やはり不正なものといわざるをえない。

6　……統一協会（ママ）の信者が原告らに対して行った伝道活動は、宗教性や入信後の実践内容を秘匿して行われたもので、自由意思を歪めて信仰への隷属に導く不正なものであるし、統一協会（ママ）の信者が原告らに対して行った教化活動は、家族等との交流を断絶させ、金銭拠出の不足が信仰の怠りであり救済の否定につながると教えて信仰を維持させ、特異な宗教的実践を継続させようとする不正なものである。

　……したがって、統一協会（ママ）の信者が原告らに対して行った伝道・教化活動は、社会的相当性の範囲から著しく逸脱する民事上違法な行為であるといわなければならない。

（統一教会に対する高額献金返還訴訟の 2012 年 3 月 29 日札幌地裁判決文（2023 年 12 月 29 日取得、http://www.glo.gr.jp/hanketu-gaibu.pdf）pp. 256-261 より抜粋）

第 11 章　資料

　ムスリム（イスラム教信者）が頭などを覆う服装「ヒジャブ」は、謙虚さの象徴で、外界から自分を守ってくれる神聖な境界線だ。

　赤や青、紫……。ヒジャブはファッション性も高く、女性にとっては「大人」になる象徴でもある。

　中学に入学したら身につけよう──。ムスリムで、エジプト人の両親を持つアファフ・アラーさん（現在 17）は、そう思いつつ、入学した後も、踏み切れずにいた。「普通じゃない」。周囲からそう思われるのが、怖かったからだ。

金沢市で生まれ育った。一番最初に話せるようになったのは日本語で、市内の幼稚園と小学校に通った。周りの友達と、なにも変わらないと思っていた。

でも、周りの反応は違った。会話の始めは決まって「なに人?」。名前をからかわれたり、他の生徒がいる前で、先生に「日本語できる?」と聞かれたり。

同じだと認められたかった。周りと同じ髪形にした。名前が発音しにくいと言われれば、「アーちゃんでいいよ」と伝えた。「外国人」の両親が恥ずかしくて、授業参観に来ないように言った。

「自分がもし普通の日本人だったら、楽だったんだろうな」。そんな自分を変える出来事が、中学入学後に起きた。女子ソフトテニス部に入部届を出した後、教師に呼び出された。

「本当にテニス部に入るの?」。パソコン室で、そう言われた。どこか威圧的に聞こえた。

「入ったら大変だよ」「大会出るなら『ちゃんと』足を出さなきゃいけない」「文化部に入った方がいいんじゃない?」

学校側には事前に、「ヒジャブ」を着けるかもしれないと伝えていた。教師の発言は、そのことが念頭にあったと思う。

怖くて、悔しかった。中学でも、また同じことが繰り返されようとしていた。

一方で、ある言葉が常に頭にあった。20年近く日本で暮らしてきた両親が、よく口にしていた言葉だ。

「『違うこと』に誇りを持つこと」「ルールは守らなければならない。でも、もしそのルールが自分の権利を奪うものなら、必ず声を上げること」

宗教を理由に、好きなことができないのは、明らかに理不尽だ。

「私は絶対テニス部に入ります」。そう言い切ってパソコン室を出た。

すぐに両親に相談し、学校に連盟と掛け合うよう、話をしてもらった。1カ月ほどして、テニス部の顧問から、「黒いタイツと長袖インナーシャツなら着てもいいことになった」との連絡があった。

体の線が出るタイツは理想ではない。それでも大きな前進だった。

内面にも変化があった。

「みんなと同じことが良いことだとは限らない。どうせ違うって思われるなら、自分らしくいよう」

「違うこと」に自信を持つ勇気を持てた。

中学1年の秋、初めてヒジャブのスカーフを巻いて登校した。

「似合ってるね」「きれいだね」。多くの友人が、そう言ってくれた。

日本では「外国人」に扱われ、エジプトでは、日本で育まれた価値観や、アラビア語の発音の違いなどから、「完璧にエジプト人にはなれない」と感じる。

でも、「アファフ」として見てくれる友人や家族がいる。それで十分だった。

中学2年になった時、ムスリムでインドネシア国籍の新入生がテニス部への入部を希望した。服装のことは問題にならなかった。「自分のために声を上げることが、

他の子や社会のためになる」とうれしかった。

　現在は国際高等専門学校（金沢市）の３年生。今年１月に開かれた「全国高等専門学校英語プレゼンテーションコンテスト」では、中学時代の体験を、そんな気づきも交えて発表した。全国１位に輝いた。

　コンテストはオンライン開催だったが、黄色のジャケットを羽織って臨んだ。

　黄色に映える白色のヒジャブのスカーフも頭に巻いて。

　　（平川仁「ヒジャブを着る、私らしく　違いを誇りに、他の子のためにも　金沢で育った、
　　ムスリムの17歳」『朝日新聞』2022年4月21日夕刊より）

第14章　資料

第1　はじめに

　……本懇談会としては、21世紀を迎えた今日、国を挙げて追悼・平和祈念を行うための国立の無宗教の恒久的施設が必要であると考えるに至ったが、施設の種類、名称、設置場所等の検討項目については、実際に施設をつくる場合にその詳細を検討すべき事柄であることから意見を取りまとめるのは時期尚早であると考え、将来、施設をつくることとなった場合の議論の参考に資するため、施設の概要を指摘するにとどめることとした。

第3　追悼・平和祈念施設の基本的性格

１．　この施設は、日本に近代国家が成立した明治維新以降に日本の係わった戦争における死没者、及び戦後は、日本の平和と独立を守り国の安全を保つための活動や日本の係わる国際平和のための活動における死没者を追悼し、戦争の惨禍に思いを致して不戦の誓いを新たにし、日本及び世界の平和を祈念するための国立の無宗教の施設である。

３．　追悼の対象は、国のために戦死した将兵に限られない。空襲はもちろん、戦争に起因する様々な困難によって沢山の民間人が命を失った。これらの中には既存の慰霊施設による慰霊の対象になっていない人も数多い。

　　さらに、戦争の惨禍に思いを致すという点では、理由のいかんを問わず過去に日本の起こした戦争のために命を失った外国の将兵や民間人も、日本人と区別するいわれはない。戦後について言えば、日本は日本国憲法により不戦の誓いを行っており、日本が戦争することは理論的にはあり得ないから、このような戦後の日本にとって、日本の平和と独立を害したり国際平和の理念に違背する行為をした者の中に死没者が出ても、この施設における追悼対象とならないことは言うまでもない。

５．　この施設は、国が設立する施設とすべきであるから、日本国憲法第20条第3項及び第89条のいわゆる政教分離原則に関する規定の趣旨に反することのないよう、

宗教性を排除した性質のものでなければならない。これは、何人もわだかまりなく追悼・平和祈念を行うことができるようにする観点からも要請されることである。

　しかしながら、施設自体の宗教性を排除することがこの施設を訪れる個々人の宗教感情等まで国として否定するものでないことは言うまでもなく、各自がこの施設で自由な立場から、それぞれ望む形式で追悼・平和祈念を行うことが保障されていなければならない。

第4　追悼・平和祈念施設と既存施設との関係

　我が国にはいわゆる戦没者追悼の重要な施設として、靖国神社、千鳥ヶ淵戦没者墓苑がある。本懇談会は、新たな国立の施設はこれら既存の施設と両立でき、決してこれらの施設の存在意義を損なわずに必要な別個な目的を達成し得るものであると考えた。その理由は、以下のとおりである。……

　（首相官邸「「追悼・平和祈念のための記念碑等施設の在り方を考える懇談会」報告書　2002年12月24日」（2023年12月27日取得、https://worldjpn.net/documents/texts/JH/20021224.O1J.html）より抜粋）

第15章　資料

〔引用者注：本書は、浄土真宗本願寺派東北教区災害ボランティアセンターが2011年8月から岩手県陸前高田市で行ってきた仮設住宅の居室訪問活動に参加している二人の僧侶（金澤豊氏＝金やん、安部智海氏＝アベちゃん）の体験を伝えるもの〕

　仮設住宅の入り口から三軒目。

　扉の前に、花壇がしつらえてある。

　種をまいたあとの、少し背丈の低いひまわりが、重たげに頭をかしげている。山あいを抜けてくる風に、ゆらゆらとひまわりの頭が小さく揺れる。金やんの汲んできた水が、この花を育んだのだろうか。そんな思いが浮かぶ。

　お仏壇の前には、若い女性の小さな写真が飾ってあった。

「亡くなったのは妹なのよ」

　お灯明に火をつけ、持参したお香を炊く。仮設住宅の小さな部屋は、気密性が高い。すぐに部屋がお香の香りでいっぱいになる。

『重誓偈（じゅうせいげ）』という五分ほどの短いお経をあげる。阿弥陀さまの誓いが、「偈（げ）」と呼ばれる詩の形式で読まれている。その中で、「すべての苦しみにある者を救うことができなければ、私はさとりを開きません」と、阿弥陀仏は誓われている。

　お経を読み終えて、後ろをゆっくりと振り返る。

「あの、一つ質問があるんだけど、いいかな」

　胸の前で合掌をしたまま、少し恐縮したご様子で質問される。
「もちろん。お答えできることでしたら」
「実はね。妹がね。見つかってないんだけど……成仏できたかしら。半分は見つかったんだけど、残り半分は見つかってないの」
「……」
　隣では、あきほちゃんが、支援物資のおもちゃで遊んでいる。
「ごめんね、変なこと言って。驚かれているでしょう」
「いえ……どう思われてるんですか」
「あのね、前に別のお坊さんから聞いたの。あちらの世界では、必ず五体満足だって。信じていい？」
「……はい。そう思います」
「よかった」

　そこで、いったん、この会話は途切れた。
　それからは、たわいもない話が続いた。
　アベちゃんの頭の中では、妹さんのご遺体の話がぐるぐる回っているのだが、再び、その話に戻ることはなかった。

　今でも、振り返るたびに、少し後悔する。
　あのとき、「思います」ではなく、もっときちんと言えなかっただろうかと。心の底から、しっかりとした口調で言葉を発することができなかっただろうかと。

　釈尊は、死に方は問題とならないと仰っている。
　自死について京都の研究所で仏典を調査したときにも、釈尊の明確な姿勢が明らかになった。仏弟子の「死に方」を問題とする弟子たちに対して、亡くなった方の「生き方」、すなわち、「生前」を大切にする態度を釈尊は示された。その釈尊の姿を通して、仏弟子たちは、亡くなった先輩弟子の生前を偲んだ。そういう記録が、仏典の中に残っている。
　この場合は、自死をした弟子のケースだが、死に方が特別だった場合、どうしても、生前のお姿でなく、死んだときのことが頭から離れなくなってしまい、きちんと悲しんでいく、思い出を心の中にまとめていくといった、「喪の作業」を進めていくことが難しくなる。まさしく、震災で起きたことと同じである。
　親鸞聖人の時代には、災害や飢饉が人びとを苦しめた。「親鸞聖人」のお手紙に「何よりも、去年から今年にかけて、老若男女を問わず多くの人々が亡くなったことは、本当に悲しいことです」と始まるものがある。「去年から今年にかけて」とは、正元元年と文応元年のことであり、西暦では一二五九年から一二六〇年にあたる。両年に、全国的な飢饉と疫病により、多くの人びとの命が失われたという記録が残っている（一二五七年には大地震があったと『吾妻鏡』に記され、日蓮『立正安国論』には、天変、飢餓、

疫病によって街路に死者があふれたと記録されている）。このように「火にやかれ、水にお
ぼれ、刀剣によって殺害される」といったことが起きた時代にあって、親鸞聖人は、
「わたし自身としては、どのような臨終を迎えようとも、その善し悪しは問題になり
ません」と、お手紙に記された。死に方ではなく、普段から無常の道理をわきまえ、
平生に信心をいただくことの大切さを説かれたのである。

　アベちゃんには、こうしたことが、知識としてはあった。しかし、知識としてはあっ
ても、それが本当に自分の言葉として、すぐには出てこなかった。知識にとどまって
いた自分の拙さが、痛いほど身にしみた出来事だった。生半可な知識が、むしろ、感
情を受け止める妨げになったようにさえ感じられた。
　私たちは、つい情報で問題を処理して応えようとする。しかし、「聴く」ときには
感情に寄り添うことが大切で、アドバイスしてはならない。自分で、本当の意味でそ
のことを体得していなければ、いざというときに感情の伴った言葉となっていかない。
そうでなければ、「聴く」活動の言葉には、ならない。アベちゃんは、「聴く」活動から、
普段の仏道の学びについて深く反省させられた。

　　　（藤丸智雄『ボランティア僧侶──東日本大震災　被災地の声を聴く』（同文舘出版、2013 年）
　　　　pp. 62-67 より抜粋）

1．あなたが「宗教」と聞いて思い浮かべるものを書こう。特定の宗教や宗教者の
　ような具体的なものでも、あなたの考える宗教観のような抽象的なものでも構わ
　ない。最初に思い浮かぶイメージを列挙し、最後にそれらを整理して、自分の
　「宗教」イメージの特徴を記そう。

イメージの列挙：＿＿＿＿＿＿＿＿＿＿＿＿＿＿＿＿＿＿＿

＿＿＿＿＿＿＿＿＿＿＿＿＿＿＿＿　＿＿＿＿＿＿＿＿＿＿＿＿＿＿＿＿＿＿＿

＿＿＿＿＿＿＿＿＿＿＿＿＿＿＿＿　＿＿＿＿＿＿＿＿＿＿＿＿＿＿＿＿＿＿＿

＿＿＿＿＿＿＿＿＿＿＿＿＿＿＿＿　＿＿＿＿＿＿＿＿＿＿＿＿＿＿＿＿＿＿＿

あなたの「宗教」イメージの特徴：＿＿＿＿＿＿＿＿＿＿＿＿＿＿＿＿＿＿＿＿＿

＿＿＿＿＿＿＿＿＿＿＿＿＿＿＿＿＿＿＿＿＿＿＿＿＿＿＿＿＿＿＿＿＿＿＿＿＿

＿＿＿＿＿＿＿＿＿＿＿＿＿＿＿＿＿＿＿＿＿＿＿＿＿＿＿＿＿＿＿＿＿＿＿＿＿

＿＿＿＿＿＿＿＿＿＿＿＿＿＿＿＿＿＿＿＿＿＿＿＿＿＿＿＿＿＿＿＿＿＿＿＿＿

＿＿＿＿＿＿＿＿＿＿＿＿＿＿＿＿＿＿＿＿＿＿＿＿＿＿＿＿＿＿＿＿＿＿＿＿＿

＿＿＿＿＿＿＿＿＿＿＿＿＿＿＿＿＿＿＿＿＿＿＿＿＿＿＿＿＿＿＿＿＿＿＿＿＿

2．グループディスカッションを行った結果、あなたのグループでまとまった意見
　のポイント（要点）と、それに対するあなたの見解を書こう。

グループの意見のポイント：＿＿＿＿＿＿＿＿＿＿＿＿＿＿＿＿＿＿＿＿＿＿＿＿＿

＿＿＿＿＿＿＿＿＿＿＿＿＿＿＿＿＿＿＿＿＿＿＿＿＿＿＿＿＿＿＿＿＿＿＿＿＿＿＿

＿＿＿＿＿＿＿＿＿＿＿＿＿＿＿＿＿＿＿＿＿＿＿＿＿＿＿＿＿＿＿＿＿＿＿＿＿＿＿

＿＿＿＿＿＿＿＿＿＿＿＿＿＿＿＿＿＿＿＿＿＿＿＿＿＿＿＿＿＿＿＿＿＿＿＿＿＿＿

＿＿＿＿＿＿＿＿＿＿＿＿＿＿＿＿＿＿＿＿＿＿＿＿＿＿＿＿＿＿＿＿＿＿＿＿＿＿＿

あなたの見解：＿＿＿＿＿＿＿＿＿＿＿＿＿＿＿＿＿＿＿＿＿＿＿＿＿＿＿＿＿＿＿＿

＿＿＿＿＿＿＿＿＿＿＿＿＿＿＿＿＿＿＿＿＿＿＿＿＿＿＿＿＿＿＿＿＿＿＿＿＿＿＿

＿＿＿＿＿＿＿＿＿＿＿＿＿＿＿＿＿＿＿＿＿＿＿＿＿＿＿＿＿＿＿＿＿＿＿＿＿＿＿

＿＿＿＿＿＿＿＿＿＿＿＿＿＿＿＿＿＿＿＿＿＿＿＿＿＿＿＿＿＿＿＿＿＿＿＿＿＿＿

＿＿＿＿＿＿＿＿＿＿＿＿＿＿＿＿＿＿＿＿＿＿＿＿＿＿＿＿＿＿＿＿＿＿＿＿＿＿＿

所属：＿＿＿＿＿＿＿＿＿＿＿＿＿＿＿＿＿＿＿＿＿＿＿　＿＿＿＿＿年

番号：＿＿＿＿＿＿＿＿＿＿＿　　名前：＿＿＿＿＿＿＿＿＿＿＿＿＿

1.「未来共生災害救援マップ」にアクセスし、関心のある地域を1つ選び、宗教施設（神社・寺院・キリスト教会・その他宗教施設）を画面上に表示させよう。適当な範囲で選択した地域にはどんな宗教施設が何か所あるか数えてみよう。

関心のある地域：＿＿＿＿＿＿＿＿＿＿＿＿＿＿＿

	神社	寺院	教会	その他 宗教施設
施設の数	＿＿＿か所	＿＿＿か所	＿＿＿か所	＿＿＿か所

2．ポスターセッションを行った結果、あなたのグループでまとまった理想の宗教
　施設のポイント（要点）と、それに対するあなたの見解を書き出そう。

グループの見解： _____

_____

_____

_____

_____

_____

あなたの見解： _____

_____

_____

_____

_____

_____

所属： _____ _____年

番号： _____ 　　名前： _____

1．あなたの大学がある市区町村内の宗教施設から、公式のウェブサイト（SNSを含む）を開設している施設を、1か所探し出そう。そのウェブサイトから、施設の名称、属している包括団体（教派・宗派・教団）があればその名称、主な活動を調べて書いてみよう。

施設の名称（宗教法人の登記名称と活動上の名称が違う場合には、それぞれ書き出そう。たとえば宗教法人○○寺、△△山□□院○○寺など）：

_____

属している包括団体（教派・宗派・教団）：_____

主な活動：_____

_____

_____

_____

_____

_____

2．相互インタビューの結果について、相手と自分の見解を書き出そう。

相手の見解：_____

_____

_____

_____

_____

_____

自分の見解：_____

_____

_____

_____

_____

_____

_____

所属：_____ _____年

番号：_____ 名前：_____

1．成人の日（や，帰省者の多い GW，お盆など）に自治体が開催する「成人式」は必要か、不要か、またその理由についても考えてみよう。

□成人式は必要　　　　□成人式は不要

理由：＿＿＿＿＿＿＿＿＿＿＿＿＿＿＿＿＿＿＿＿＿＿＿＿＿＿＿＿＿＿＿＿＿＿＿

＿＿＿＿＿＿＿＿＿＿＿＿＿＿＿＿＿＿＿＿＿＿＿＿＿＿＿＿＿＿＿＿＿＿＿＿＿＿＿

＿＿＿＿＿＿＿＿＿＿＿＿＿＿＿＿＿＿＿＿＿＿＿＿＿＿＿＿＿＿＿＿＿＿＿＿＿＿＿

＿＿＿＿＿＿＿＿＿＿＿＿＿＿＿＿＿＿＿＿＿＿＿＿＿＿＿＿＿＿＿＿＿＿＿＿＿＿＿

＿＿＿＿＿＿＿＿＿＿＿＿＿＿＿＿＿＿＿＿＿＿＿＿＿＿＿＿＿＿＿＿＿＿＿＿＿＿＿

2．ディベートの論点を簡潔にまとめよう。また、「大人の仲間入り」をするための
　　儀礼が必要かどうかを考え、必要な場合は具体案を、不要な場合はその理由を詳
　　しく書いてみよう。

論点：＿＿＿＿＿＿＿＿＿＿＿＿＿＿＿＿＿＿＿＿＿＿＿＿＿＿＿＿＿＿＿＿＿＿＿

＿＿＿＿＿＿＿＿＿＿＿＿＿＿＿＿＿＿＿＿＿＿＿＿＿＿＿＿＿＿＿＿＿＿＿＿＿＿

＿＿＿＿＿＿＿＿＿＿＿＿＿＿＿＿＿＿＿＿＿＿＿＿＿＿＿＿＿＿＿＿＿＿＿＿＿＿

＿＿＿＿＿＿＿＿＿＿＿＿＿＿＿＿＿＿＿＿＿＿＿＿＿＿＿＿＿＿＿＿＿＿＿＿＿＿

　　　　　　　　□儀礼は必要　　　　□儀礼は不要

　　　　　　　　↓（具体案）　　　　↓（理由）

＿＿＿＿＿＿＿＿＿＿＿＿＿＿＿＿＿＿＿＿＿＿＿＿＿＿＿＿＿＿＿＿＿＿＿＿＿＿

＿＿＿＿＿＿＿＿＿＿＿＿＿＿＿＿＿＿＿＿＿＿＿＿＿＿＿＿＿＿＿＿＿＿＿＿＿＿

＿＿＿＿＿＿＿＿＿＿＿＿＿＿＿＿＿＿＿＿＿＿＿＿＿＿＿＿＿＿＿＿＿＿＿＿＿＿

＿＿＿＿＿＿＿＿＿＿＿＿＿＿＿＿＿＿＿＿＿＿＿＿＿＿＿＿＿＿＿＿＿＿＿＿＿＿

所属：＿＿＿＿＿＿＿＿＿＿＿＿＿＿＿＿＿＿＿＿　＿＿＿＿年

番号：＿＿＿＿＿＿＿＿＿　　　名前：＿＿＿＿＿＿＿＿＿＿＿＿＿

1．① 「祭り」「祭」と名前に付くものにはどんなものがあるだろうか。祭りの名称
　　を5個ぐらい挙げてみよう。

_____　_____　_____

_____　_____　_____

② 「祭りの魅力」「祭りとイベントの共通性」について、自分の考えを記してみよう。

祭りの魅力：_____

_____

_____

_____

_____

祭りとイベントの共通性：_____

_____

_____

_____

_____

2．シンク・ペア・シェアのワークで共有された意見について書こう。さらに、教室全体の意見を聞いて、あらためて「祭り」と「イベント」との違いや重要性について自分の意見をまとめてみよう。

共有された意見：＿＿＿＿＿＿＿＿＿＿＿＿＿＿＿＿＿＿＿＿＿＿＿＿＿＿＿

＿＿＿＿＿＿＿＿＿＿＿＿＿＿＿＿＿＿＿＿＿＿＿＿＿＿＿＿＿＿＿＿＿＿

＿＿＿＿＿＿＿＿＿＿＿＿＿＿＿＿＿＿＿＿＿＿＿＿＿＿＿＿＿＿＿＿＿＿

＿＿＿＿＿＿＿＿＿＿＿＿＿＿＿＿＿＿＿＿＿＿＿＿＿＿＿＿＿＿＿＿＿＿

＿＿＿＿＿＿＿＿＿＿＿＿＿＿＿＿＿＿＿＿＿＿＿＿＿＿＿＿＿＿＿＿＿＿

自分の意見：＿＿＿＿＿＿＿＿＿＿＿＿＿＿＿＿＿＿＿＿＿＿＿＿＿＿＿＿＿

＿＿＿＿＿＿＿＿＿＿＿＿＿＿＿＿＿＿＿＿＿＿＿＿＿＿＿＿＿＿＿＿＿＿

＿＿＿＿＿＿＿＿＿＿＿＿＿＿＿＿＿＿＿＿＿＿＿＿＿＿＿＿＿＿＿＿＿＿

＿＿＿＿＿＿＿＿＿＿＿＿＿＿＿＿＿＿＿＿＿＿＿＿＿＿＿＿＿＿＿＿＿＿

＿＿＿＿＿＿＿＿＿＿＿＿＿＿＿＿＿＿＿＿＿＿＿＿＿＿＿＿＿＿＿＿＿＿

所属：＿＿＿＿＿＿＿＿＿＿＿＿＿＿＿＿＿＿＿＿＿＿＿＿＿　＿＿＿＿年

番号：＿＿＿＿＿＿＿＿＿＿＿　名前：＿＿＿＿＿＿＿＿＿＿＿＿＿＿＿＿

1．あなたがテレビやインターネット、本などで見たり、読んだりしたことのある
　巡礼を1つ挙げ、もっとも印象に残ったことを記してみよう。または、あなたが
　初詣や観光で訪れたことのある聖地や宗教関係の施設（寺社や教会など）を1つ挙
　げ、そこでもっとも印象に残った体験を記してみよう。

見聞きした巡礼、または初詣や観光で訪れた聖地や宗教施設：

_____

もっとも印象に残ったこと：_____

_____

_____

_____

_____

2．KJ 法による分析を進めた結果、あなたのグループが到達した見解のポイントと、
　それに対するあなたの意見を書いてみよう。

グループの見解：＿＿＿＿＿＿＿＿＿＿＿＿＿＿＿＿＿＿＿＿＿＿＿＿＿＿＿＿＿＿＿＿

＿＿

＿＿

＿＿

＿＿

あなたの意見：＿＿＿＿＿＿＿＿＿＿＿＿＿＿＿＿＿＿＿＿＿＿＿＿＿＿＿＿＿＿＿＿＿

＿＿

＿＿

＿＿

＿＿

所属：＿＿＿＿＿＿＿＿＿＿＿＿＿＿＿＿＿＿＿＿＿＿＿＿＿＿　＿＿＿＿＿年

番号：＿＿＿＿＿＿＿＿＿＿＿＿＿　　　名前：＿＿＿＿＿＿＿＿＿＿＿＿＿＿＿＿＿

1．あなたがこれまで、教科（社会など）や教科外活動（学校行事など）を通じて学んだことのある宗教について、その内容を書こう。学んだことがなければ、教科や教科外活動で、どのような内容（宗教名を含めて）を学ぶことができるか想像して書こう。

（学んだことが）

　　　　　　　　　　□ある　　　　　　　　　□ない

　　　　　　　　　　↓（内容）　　　　　　　↓（想像）

_____

_____

_____

_____

_____

_____

2．ジグソー法によりグループ内で示された3パートの内容をまとめよう。それに対するあなたの意見を書き込もう。（可能ならば）その後、グループ内で意見交換しよう。

①教科・教科外活動（領域）にみられる宗教文化の内容：_____

_____

_____

②宗教文化教育の内容：_____

_____

_____

③他国の宗教教育の内容：_____

_____

_____

意見：_____

_____

_____

_____

_____

_____

所属：_____　・　_____年

番号：_____　名前：_____

1．日本国内において女人禁制がある（あった）場所や行事、職種について、書籍や
　インターネットで調べ、その内容を説明してみよう。

	場所	説明
（例）	大峰山・山上ヶ岳（奈良県）	全山女人禁制

	行事	説明
（例）	東大寺二月堂修二会（奈良県）	女性が内陣に入ること

職種	説明
（例）トンネル工事	女性がかかわると山の神が嫉妬して事故が起こる

2．グループディスカッションを踏まえ、女人禁制が今後どうなるか、または、ど
うなっていくべきかについて、自分の意見をまとめてみよう。

_____

_____

_____

_____

_____

所属：＿＿＿＿＿＿＿＿＿＿＿＿＿＿＿＿＿＿＿＿＿＿＿ ＿＿＿年

番号：＿＿＿＿＿＿＿＿＿　　名前：＿＿＿＿＿＿＿＿＿＿＿＿＿＿

1. 自分にとって「これは問題だ」と思える、宗教団体（あるいはそれに類する団体）に関する言動や状況（布教方法など）を具体的に書き出してみよう。また、そのように考える理由や、それへの対処法・対応策も考えて書いてみよう（団体名まで書く必要はない）。

言動や状況：＿＿＿＿＿＿＿＿＿＿＿＿＿＿＿＿＿＿＿＿＿＿＿＿＿＿＿

＿＿＿＿＿＿＿＿＿＿＿＿＿＿＿＿＿＿＿＿＿＿＿＿＿＿＿＿＿＿＿＿＿

＿＿＿＿＿＿＿＿＿＿＿＿＿＿＿＿＿＿＿＿＿＿＿＿＿＿＿＿＿＿＿＿＿

＿＿＿＿＿＿＿＿＿＿＿＿＿＿＿＿＿＿＿＿＿＿＿＿＿＿＿＿＿＿＿＿＿

問題だと考える理由：＿＿＿＿＿＿＿＿＿＿＿＿＿＿＿＿＿＿＿＿＿＿＿

＿＿＿＿＿＿＿＿＿＿＿＿＿＿＿＿＿＿＿＿＿＿＿＿＿＿＿＿＿＿＿＿＿

＿＿＿＿＿＿＿＿＿＿＿＿＿＿＿＿＿＿＿＿＿＿＿＿＿＿＿＿＿＿＿＿＿

＿＿＿＿＿＿＿＿＿＿＿＿＿＿＿＿＿＿＿＿＿＿＿＿＿＿＿＿＿＿＿＿＿

対処法・対応策：＿＿＿＿＿＿＿＿＿＿＿＿＿＿＿＿＿＿＿＿＿＿＿＿＿

＿＿＿＿＿＿＿＿＿＿＿＿＿＿＿＿＿＿＿＿＿＿＿＿＿＿＿＿＿＿＿＿＿

＿＿＿＿＿＿＿＿＿＿＿＿＿＿＿＿＿＿＿＿＿＿＿＿＿＿＿＿＿＿＿＿＿

＿＿＿＿＿＿＿＿＿＿＿＿＿＿＿＿＿＿＿＿＿＿＿＿＿＿＿＿＿＿＿＿＿

2．グループで話しあったことを踏まえたうえで、【ワーク1】の内容を振り返り、
　もう一度自分にとって「カルト問題」と考えられる言動や状況と、それへの対応
　策をまとめてみよう。

言動や状況：＿＿＿＿＿＿＿＿＿＿＿＿＿＿＿＿＿＿＿＿＿＿＿＿＿＿＿＿＿＿＿＿＿

＿＿＿＿＿＿＿＿＿＿＿＿＿＿＿＿＿＿＿＿＿＿＿＿＿＿＿＿＿＿＿＿＿＿＿＿＿＿＿

＿＿＿＿＿＿＿＿＿＿＿＿＿＿＿＿＿＿＿＿＿＿＿＿＿＿＿＿＿＿＿＿＿＿＿＿＿＿＿

＿＿＿＿＿＿＿＿＿＿＿＿＿＿＿＿＿＿＿＿＿＿＿＿＿＿＿＿＿＿＿＿＿＿＿＿＿＿＿

＿＿＿＿＿＿＿＿＿＿＿＿＿＿＿＿＿＿＿＿＿＿＿＿＿＿＿＿＿＿＿＿＿＿＿＿＿＿＿

＿＿＿＿＿＿＿＿＿＿＿＿＿＿＿＿＿＿＿＿＿＿＿＿＿＿＿＿＿＿＿＿＿＿＿＿＿＿＿

対応策：＿＿＿＿＿＿＿＿＿＿＿＿＿＿＿＿＿＿＿＿＿＿＿＿＿＿＿＿＿＿＿＿＿＿＿

＿＿＿＿＿＿＿＿＿＿＿＿＿＿＿＿＿＿＿＿＿＿＿＿＿＿＿＿＿＿＿＿＿＿＿＿＿＿＿

＿＿＿＿＿＿＿＿＿＿＿＿＿＿＿＿＿＿＿＿＿＿＿＿＿＿＿＿＿＿＿＿＿＿＿＿＿＿＿

＿＿＿＿＿＿＿＿＿＿＿＿＿＿＿＿＿＿＿＿＿＿＿＿＿＿＿＿＿＿＿＿＿＿＿＿＿＿＿

＿＿＿＿＿＿＿＿＿＿＿＿＿＿＿＿＿＿＿＿＿＿＿＿＿＿＿＿＿＿＿＿＿＿＿＿＿＿＿

＿＿＿＿＿＿＿＿＿＿＿＿＿＿＿＿＿＿＿＿＿＿＿＿＿＿＿＿＿＿＿＿＿＿＿＿＿＿＿

所属：＿＿＿＿＿＿＿＿＿＿＿＿＿＿＿＿＿＿＿＿＿＿＿＿＿＿　＿＿＿＿＿年

番号：＿＿＿＿＿＿＿＿＿＿＿　　名前：＿＿＿＿＿＿＿＿＿＿＿＿＿＿＿＿＿

1．(1)　宗教団体が、社会、政治、文化などの公共領域に存在する事例（ロシア正教、
　公明党、「信仰に基づくイニシアチヴ」など）を調べ、次の2つに分けてみよう。
① 「公共領域からなるべく宗教を排除したほうがよい」と考えられる事例

　　————————————　————————————　————————————

② 「公共領域からあまり宗教を排除しないほうがよい」と考えられる事例

　　————————————　————————————　————————————

(2)　宗教団体以外の事例（イスラームのスカーフ、公教育における宗教、「おかげさま」
　など）も、同様に調べ、分類してみよう。
① 「公共領域からなるべく宗教を排除したほうがよい」と考えられる事例

　　————————————　————————————　————————————

② 「公共領域からあまり宗教を排除しないほうがよい」と考えられる事例

　　————————————　————————————　————————————

(3)複数の事例を調べた後、①②のどちらを重視するかを決め、1つの事例を自分で
　選んで詳しく調べ、それを重視する根拠を書き出そう。

　　————————を重視する。根拠は————————————————————

　——

　——

＊上記の事例をインターネットで検索することからはじめよう。自分が納得できる根拠が述べられて
　いるものを見つけることが大切である。第2・3・7・11・12章などの事例も参考にすること。

2.【ワーク1】について、グループ討論でまとまった意見のポイントと、それについてのあなたの見解を書こう。

グループでまとまった意見のポイント：＿＿＿＿＿＿＿＿＿＿＿＿＿＿＿＿＿＿

＿＿＿＿＿＿＿＿＿＿＿＿＿＿＿＿＿＿＿＿＿＿＿＿＿＿＿＿＿＿＿＿＿＿＿＿

＿＿＿＿＿＿＿＿＿＿＿＿＿＿＿＿＿＿＿＿＿＿＿＿＿＿＿＿＿＿＿＿＿＿＿＿

＿＿＿＿＿＿＿＿＿＿＿＿＿＿＿＿＿＿＿＿＿＿＿＿＿＿＿＿＿＿＿＿＿＿＿＿

＿＿＿＿＿＿＿＿＿＿＿＿＿＿＿＿＿＿＿＿＿＿＿＿＿＿＿＿＿＿＿＿＿＿＿＿

あなたの見解：＿＿＿＿＿＿＿＿＿＿＿＿＿＿＿＿＿＿＿＿＿＿＿＿＿＿＿＿＿

＿＿＿＿＿＿＿＿＿＿＿＿＿＿＿＿＿＿＿＿＿＿＿＿＿＿＿＿＿＿＿＿＿＿＿＿

＿＿＿＿＿＿＿＿＿＿＿＿＿＿＿＿＿＿＿＿＿＿＿＿＿＿＿＿＿＿＿＿＿＿＿＿

＿＿＿＿＿＿＿＿＿＿＿＿＿＿＿＿＿＿＿＿＿＿＿＿＿＿＿＿＿＿＿＿＿＿＿＿

＿＿＿＿＿＿＿＿＿＿＿＿＿＿＿＿＿＿＿＿＿＿＿＿＿＿＿＿＿＿＿＿＿＿＿＿

所属：＿＿＿＿＿＿＿＿＿＿＿＿＿＿＿＿＿＿＿＿　＿＿＿＿年

番号：＿＿＿＿＿＿＿＿＿＿　　名前：＿＿＿＿＿＿＿＿＿＿＿＿＿＿

1.「ヴェールを被ったムスリムの女性」に対してあなた自身が抱くイメージ、およびそのように考えた理由を書こう。

イメージ：＿＿＿＿＿＿＿＿＿＿＿＿＿＿＿＿＿＿＿＿＿＿＿＿＿＿＿＿＿＿＿＿＿＿

＿＿

＿＿

＿＿

＿＿

＿＿

理由：＿＿＿＿＿＿＿＿＿＿＿＿＿＿＿＿＿＿＿＿＿＿＿＿＿＿＿＿＿＿＿＿＿＿＿＿＿

＿＿

＿＿

＿＿

＿＿

2．グループディスカッションを行った結果、あなたのグループでまとまった意見
　（要因と解決策）と、それに対するあなたの見解を書いてみよう。

グループの意見：_____

_____

_____

_____

_____

あなたの見解：_____

_____

_____

_____

_____

所属：_____　_____年

番号：_____　　　名前：_____

1．移民の信仰に関する新聞記事や論文を調べ、その内容を箇条書きでまとめよう。
　適切に新聞記事や論文を見つけるためにはデータベースの活用が有効だ。「移民
　信仰」、「ニューカマー　教会」など、複数のキーワードを組みあわせて検索して
　みるとよい。

①新聞記事・論文の情報（例：『朝日新聞』2016年1月19日朝刊　「「真のムスリム」見て欲し
　い　炊き出し支援500人分・モスクツアーで解説」）

_____

_____

②記事・論文の要点

・_____

_____

・_____

_____

・_____

_____

・_____

_____

2．ロールプレイで選んだ「移民の信仰」をめぐる葛藤事例について、アクターが
　わかるように具体的な内容を書こう。また、ロールプレイを通じて得られた知見
　についてまとめよう。

葛藤事例：＿＿＿＿＿＿＿＿＿＿＿＿＿＿＿＿＿＿＿＿＿＿＿＿＿＿＿＿＿＿＿＿

＿＿＿＿＿＿＿＿＿＿＿＿＿＿＿＿＿＿＿＿＿＿＿＿＿＿＿＿＿＿＿＿＿＿＿＿＿

＿＿＿＿＿＿＿＿＿＿＿＿＿＿＿＿＿＿＿＿＿＿＿＿＿＿＿＿＿＿＿＿＿＿＿＿＿

＿＿＿＿＿＿＿＿＿＿＿＿＿＿＿＿＿＿＿＿＿＿＿＿＿＿＿＿＿＿＿＿＿＿＿＿＿

＿＿＿＿＿＿＿＿＿＿＿＿＿＿＿＿＿＿＿＿＿＿＿＿＿＿＿＿＿＿＿＿＿＿＿＿＿

＿＿＿＿＿＿＿＿＿＿＿＿＿＿＿＿＿＿＿＿＿＿＿＿＿＿＿＿＿＿＿＿＿＿＿＿＿

＊葛藤事例にかかわるアクターを具体的に示す。

ロールプレイを通じて得られた知見：＿＿＿＿＿＿＿＿＿＿＿＿＿＿＿＿＿＿＿＿

＿＿＿＿＿＿＿＿＿＿＿＿＿＿＿＿＿＿＿＿＿＿＿＿＿＿＿＿＿＿＿＿＿＿＿＿＿

＿＿＿＿＿＿＿＿＿＿＿＿＿＿＿＿＿＿＿＿＿＿＿＿＿＿＿＿＿＿＿＿＿＿＿＿＿

＿＿＿＿＿＿＿＿＿＿＿＿＿＿＿＿＿＿＿＿＿＿＿＿＿＿＿＿＿＿＿＿＿＿＿＿＿

＿＿＿＿＿＿＿＿＿＿＿＿＿＿＿＿＿＿＿＿＿＿＿＿＿＿＿＿＿＿＿＿＿＿＿＿＿

＿＿＿＿＿＿＿＿＿＿＿＿＿＿＿＿＿＿＿＿＿＿＿＿＿＿＿＿＿＿＿＿＿＿＿＿＿

所属：＿＿＿＿＿＿＿＿＿＿＿＿＿＿＿＿＿＿＿＿＿＿＿＿＿＿　＿＿＿＿年

番号：＿＿＿＿＿＿＿＿＿＿　　名前：＿＿＿＿＿＿＿＿＿＿＿＿＿＿＿＿

1. 「お墓」と聞いてイメージするものを、できるだけ多く、詳しく書いてみよう。
   そして、ペア（隣どうしや前後）で話しあい、いくつかの観点（場所、人、言葉など）
   を自分たちで設けたうえで、情報を整理しよう。

イメージ：

_____

_____

_____

_____

_____

整理後：

_____

_____

_____

_____

_____

2．自分のグループの「お墓」について、コンセプト、具体的な形態、家族との関係性を書こう。また、他グループの「お墓」を見た感想をまとめよう。

コンセプト：＿＿＿＿＿＿＿＿＿＿＿＿＿＿＿＿＿＿＿＿＿＿＿＿＿＿＿＿＿＿＿

＿＿＿＿＿＿＿＿＿＿＿＿＿＿＿＿＿＿＿＿＿＿＿＿＿＿＿＿＿＿＿＿＿＿＿＿＿

具体的な形態：＿＿＿＿＿＿＿＿＿＿＿＿＿＿＿＿＿＿＿＿＿＿＿＿＿＿＿＿＿＿

＿＿＿＿＿＿＿＿＿＿＿＿＿＿＿＿＿＿＿＿＿＿＿＿＿＿＿＿＿＿＿＿＿＿＿＿＿

家族との関係性：＿＿＿＿＿＿＿＿＿＿＿＿＿＿＿＿＿＿＿＿＿＿＿＿＿＿＿＿＿

＿＿＿＿＿＿＿＿＿＿＿＿＿＿＿＿＿＿＿＿＿＿＿＿＿＿＿＿＿＿＿＿＿＿＿＿＿

他のグループの「お墓」の感想：＿＿＿＿＿＿＿＿＿＿＿＿＿＿＿＿＿＿＿＿＿＿

＿＿＿＿＿＿＿＿＿＿＿＿＿＿＿＿＿＿＿＿＿＿＿＿＿＿＿＿＿＿＿＿＿＿＿＿＿

＿＿＿＿＿＿＿＿＿＿＿＿＿＿＿＿＿＿＿＿＿＿＿＿＿＿＿＿＿＿＿＿＿＿＿＿＿

＿＿＿＿＿＿＿＿＿＿＿＿＿＿＿＿＿＿＿＿＿＿＿＿＿＿＿＿＿＿＿＿＿＿＿＿＿

＿＿＿＿＿＿＿＿＿＿＿＿＿＿＿＿＿＿＿＿＿＿＿＿＿＿＿＿＿＿＿＿＿＿＿＿＿

＿＿＿＿＿＿＿＿＿＿＿＿＿＿＿＿＿＿＿＿＿＿＿＿＿＿＿＿＿＿＿＿＿＿＿＿＿

所属：＿＿＿＿＿＿＿＿＿＿＿＿＿＿＿＿＿＿＿＿＿＿＿＿＿＿＿　＿＿＿＿年

番号：＿＿＿＿＿＿＿＿＿＿＿　　名前：＿＿＿＿＿＿＿＿＿＿＿＿＿＿＿＿＿

1．なぜ、日本政府主催の戦没者の追悼式が行われるのだろうか。公的に戦没者を追悼することの理由と意義について、あなたの意見を書いてみよう。

理由：

意義：

2．グループディスカッションを行った結果、あなたのグループでまとまった意見
　のポイント（要点）と、それに対するあなたの見解を書こう。

グループの意見：＿＿＿＿＿＿＿＿＿＿＿＿＿＿＿＿＿＿＿＿＿＿＿＿＿＿＿＿

＿＿＿＿＿＿＿＿＿＿＿＿＿＿＿＿＿＿＿＿＿＿＿＿＿＿＿＿＿＿＿＿＿＿＿＿

＿＿＿＿＿＿＿＿＿＿＿＿＿＿＿＿＿＿＿＿＿＿＿＿＿＿＿＿＿＿＿＿＿＿＿＿

＿＿＿＿＿＿＿＿＿＿＿＿＿＿＿＿＿＿＿＿＿＿＿＿＿＿＿＿＿＿＿＿＿＿＿＿

＿＿＿＿＿＿＿＿＿＿＿＿＿＿＿＿＿＿＿＿＿＿＿＿＿＿＿＿＿＿＿＿＿＿＿＿

＿＿＿＿＿＿＿＿＿＿＿＿＿＿＿＿＿＿＿＿＿＿＿＿＿＿＿＿＿＿＿＿＿＿＿＿

あなたの見解：＿＿＿＿＿＿＿＿＿＿＿＿＿＿＿＿＿＿＿＿＿＿＿＿＿＿＿＿＿

＿＿＿＿＿＿＿＿＿＿＿＿＿＿＿＿＿＿＿＿＿＿＿＿＿＿＿＿＿＿＿＿＿＿＿＿

＿＿＿＿＿＿＿＿＿＿＿＿＿＿＿＿＿＿＿＿＿＿＿＿＿＿＿＿＿＿＿＿＿＿＿＿

＿＿＿＿＿＿＿＿＿＿＿＿＿＿＿＿＿＿＿＿＿＿＿＿＿＿＿＿＿＿＿＿＿＿＿＿

＿＿＿＿＿＿＿＿＿＿＿＿＿＿＿＿＿＿＿＿＿＿＿＿＿＿＿＿＿＿＿＿＿＿＿＿

＿＿＿＿＿＿＿＿＿＿＿＿＿＿＿＿＿＿＿＿＿＿＿＿＿＿＿＿＿＿＿＿＿＿＿＿

所属：＿＿＿＿＿＿＿＿＿＿＿＿＿＿＿＿＿＿＿＿＿＿＿　＿＿＿＿年

番号：＿＿＿＿＿＿＿＿＿＿　　名前：＿＿＿＿＿＿＿＿＿＿＿＿＿＿

1．自分が被災したと想定したときに宗教者・宗教団体に期待することを書き出そう。もし何も期待しないのであれば、その理由を書き出してみよう。また、言葉に詰まったら、自分がもしお年寄りだったら、身内を亡くしてしまったら、など、いろいろな年齢・性別・境遇を思い浮かべて考えなおしてみよう。

□期待する　　　　□期待しない

↓（内容）　　　　↓（理由）

_____

_____

_____

_____

_____

2．まず、インタビュー前の、宗教者による被災者の「心のケア」についての自分
　の見解を記そう。次に、インタビュー相手から聞き出したことを書き留めよう。
　最後に、インタビュー後の、宗教者による被災者の「心のケア」についての自分
　の見解を述べよう。

インタビュー前の見解：＿＿＿＿＿＿＿＿＿＿＿＿＿＿＿＿＿＿＿＿＿＿＿

＿＿＿＿＿＿＿＿＿＿＿＿＿＿＿＿＿＿＿＿＿＿＿＿＿＿＿＿＿＿＿＿＿＿

＿＿＿＿＿＿＿＿＿＿＿＿＿＿＿＿＿＿＿＿＿＿＿＿＿＿＿＿＿＿＿＿＿＿

＿＿＿＿＿＿＿＿＿＿＿＿＿＿＿＿＿＿＿＿＿＿＿＿＿＿＿＿＿＿＿＿＿＿

インタビューで聞き出したこと：＿＿＿＿＿＿＿＿＿＿＿＿＿＿＿＿＿＿＿

＿＿＿＿＿＿＿＿＿＿＿＿＿＿＿＿＿＿＿＿＿＿＿＿＿＿＿＿＿＿＿＿＿＿

＿＿＿＿＿＿＿＿＿＿＿＿＿＿＿＿＿＿＿＿＿＿＿＿＿＿＿＿＿＿＿＿＿＿

＿＿＿＿＿＿＿＿＿＿＿＿＿＿＿＿＿＿＿＿＿＿＿＿＿＿＿＿＿＿＿＿＿＿

インタビュー後の見解：＿＿＿＿＿＿＿＿＿＿＿＿＿＿＿＿＿＿＿＿＿＿＿

＿＿＿＿＿＿＿＿＿＿＿＿＿＿＿＿＿＿＿＿＿＿＿＿＿＿＿＿＿＿＿＿＿＿

＿＿＿＿＿＿＿＿＿＿＿＿＿＿＿＿＿＿＿＿＿＿＿＿＿＿＿＿＿＿＿＿＿＿

＿＿＿＿＿＿＿＿＿＿＿＿＿＿＿＿＿＿＿＿＿＿＿＿＿＿＿＿＿＿＿＿＿＿

所属：＿＿＿＿＿＿＿＿＿＿＿＿＿＿＿＿＿＿＿＿＿　＿＿＿＿年

番号：＿＿＿＿＿＿＿＿＿＿　　名前：＿＿＿＿＿＿＿＿＿＿＿＿＿

ふりかえり ワークシート

1. この授業を受けて、あなたは「宗教」についてどのような感想をもっただろう。
   授業を受ける前と後で大きく変わった点はあるだろうか。

---

2. この授業をふりかえって、あなたがもっとも印象に残った章はどの章だろう。
   そして、それはなぜだろうか。

3．各章で取り組んだグループワークについて、あなたはどのような感想をもった
　だろう。

_____

_____

_____

_____

_____

_____

4．この授業全体を通じて、気づいたことや得たことはなんだろう。また、今後の
　課題として残ったことはなんだろう。

_____

_____

_____

_____

_____

_____

所属：＿＿＿＿＿＿＿＿＿＿＿＿＿＿＿＿＿＿　＿＿＿＿年

番号：＿＿＿＿＿＿＿＿＿　名前：＿＿＿＿＿＿＿＿＿＿＿

索　引

*太字は，各章のキーワード

あ行

アイデンティティ　37, **41**, 53, 103, 107, 111
アクティブラーニング　1-4
新しい国立追悼施設　125-127
「家」制度　114, 117
イスラーム　6, 10, 50, 51, 63, 87, 88, 95-99,
　　101-103, 108, 110-112
異文化理解　62, 86, 90
移民　2, 98, 104-112, 146
慰霊　58, 91, 128, 130, 132-134, 151
氏子　15, 17, 25, 45
エスニシティ　107, 108, **112**
エリアーデ, M.　38
役行者　71, 72
オウム（真理教）　27, 77-79, 82, 84
大峰奥駈修行　71
大峰山　71, 72, 75
オリエンタリズム　95, 96, 99-102, **103**
折口信夫　44

か行

過疎　15, 18, 20, **22**, 48
火葬　117, 118, 120
カトリック　53, 74, 88, 108-110, 112
家父長制　73, 74, **75**, 101, 102
カルト　76-79, **84**
　　――問題　62, 76-79, 81-84
観光　47, 48, 51, 52, 56-58　→ツーリズム
神田祭　45, 47
寛容の態度　62, **68**
祇園祭　45-47, 49
擬死再生　38, 40
偽装勧誘　80, 82, 83, **84**
教科としての道徳　66, **68**
教団類型　77, 84
共同体　17, 40, 51, 94, 116, 117, 129, 137, 138　→
　　コミュニティ
キリスト教　8, 13, 15-17, 23, 25, 26, 29, 30, 34, 50,
　　51, 53, 60, 63, 65, 67, 87, 88, 107, 116
クルアーン（コーラン）　97
グループディスカッション　1, 7, 10, 11, 13, 72, 74,
　　80, 81, 99, 100, 102, 127, 129
傾聴　133-135, 137, 138
穢れ　69, 70, 122
KJ法　1, 54, 57

ケースメソッド　1, 80, 81, 99
血穢　70
限界〈寺院・神社・教会〉　18, 22
限界宗教法人　18
講　17
公共宗教　93, 94
幸福の科学　84
「心のケア」　91, 131, 132-137, **138**
心の相談室　134, 135, 138
五障・変成男子　70
国家神道　65, 124　→神道
国教　63, 65, 88, 94
コミュニティ　17, 49, 106, 111, 112　→共同体
　　――文化　47, 49
コメモレイション　129, **130**

さ行

祭祀　42, 44, 45, **49**, 116, 117　→先祖祭祀
サイード, E.W.　96, 97, 103
サンティアゴ巡礼　53　→聖地巡礼
ジェンダー　69, 70, 73, 74, **75**, 102, 103, 146
ジグソー法　1, 63, 64, 67
四国遍路　52　→聖地巡礼
自文化中心主義　90
市民宗教　93, **94**
シャリーア　95, 97
宗教右派　91, 94
「宗教」概念　12, 13, **14**, 41
宗教教育　60-66, 68　→宗教文化教育，宗派教育
宗教者災害支援連絡会　133
宗教情報リテラシー　1, 6, 10, **14**
宗教団体の社会参加　23, 28-30, **32**
宗教団体法　23, 27
宗教知識　62
宗教的情操　62, 65, 68
「宗教2世」問題　79, 80
宗教ネットワーク　17, 18, 22
『宗教年鑑』　16, 17, 25, 26, 32
宗教文化教育　60, 62-64, 67, **68**　→宗教教育
宗教文化士　62, 64, 68
宗教法人法　23, 24, 26, 27, **32**
宗教法人令　27
宗派教育　60, 62, 63, 65, 66, 68　→宗教教育
祝祭　42, 45, 47, 48, **49**
修験道　71, 72
状況儀礼　36
信教の自由　26, 27, 29, 61, 63, 66, 84, 87-90, 92, 99,
　　124
シンク・ペア・シェア　1, 46, 48
信仰　2, 7-9, 12-14, 17, 20, 25, 34, 35, **41**, 50-52, 56,
　　57, 61, 71, 74, 75, 78, 82, 86, 87, 89, 97-99, 106-

111, 116, 135, 137, 148, 149
人口減少社会　18, **22**
「信仰のない宗教」　8, 9, 12, **14**
人生儀礼　37, 41
真正性　55, 57, **58**
神道　7, 8, 13, 14, 17, 23, 25, 26, 29, 44, 50, 65, 92,
124, 126　→国家神道
スピリチュアリティ　12, 136, 138
スピリチュアル・アビューズ　81, 82
政教分離　23, 26, **32**, 61, 63, 86, 87, 89, 90, 92, **94**,
97, 98, 124, 127, 151　→ライシテ
聖公会　74
聖職者　73, 74, 88
成人式　2, 35, 38-40, 42, 146
精神の自由　76, 81-84
聖地　50-57, **58**, 146
　　──巡礼　48, 55-58, 138　→サンティアゴ巡
　礼, 四国遍路
聖なるもの　7, 51-55
成年儀礼　37-41
世界遺産　51, 56, 57, **58**, 64, 72
世俗主義　92, 93, **94**
先祖／祖先　25, 36, 37, 80, 114, 116, 117, 120, 121,
122
「戦争の記憶」　123, 128, 129, **130**
先祖祭祀　22, 36, 42, 114-119, 122　→祭祀
相互インタビュー　1, 28, 31, 135, 136
葬後儀礼　116, 117, **122**
ソーシャル・キャピタル　18, 20, 21, **22**, 32

た行

大日本帝国憲法　27
多文化共生　62, 68, 105-111, **112**
檀家　15, 17, 19, 22, 52, 116, 120
千鳥ヶ淵戦没者墓苑　125-127, 152
通過儀礼　2, 34, 37, 39, 40, **41**, 53
ツーリズム　50, 51, 56, 57　→観光
　コンテンツ──　48
　巡礼──　50, 51, 56, 57
ディベート　1, 38-40
デュルケム，E.　7, 13, 132
ドイツキリスト教民主同盟　88
統一教会（世界平和統一家庭連合）　80, 81, 84, 149
東京高円寺阿波おどり　48
トラウマ　137, 138

な行

日本国憲法　26, 32, 61, 94, 124, 151
日本宗教連盟　29
入国管理法　105, **112**
女人結界　70, 71

庭野平和財団　20, 30, 133, 134
年中行事　34-37, 41, 49, 116, 147

は行

パワースポット　55, 56, 58
阪神・淡路大震災　112, 132, 134, 138
東日本大震災　37, 91, 111, 128, 131, 133, 134, 137,
138, 154
氷川神社　48
ヒジャブ　97, 98, 100, 149-151
ビリーフ（belief）　12, 13
ファン=ヘネップ，A.　37, 41, 53, 54
フェミニズム　95, 99, 102, **103**
仏教　8, 9, 12, 13, 17, 22, 23, 25-27, 29, 30, 34, 50,
51, 56, 60, 70, 107, 112, 116, 133, 138
仏壇　9, 42, 117, 152
プラクティス　12, 13
ブルカ　97, 98
プロテスタント　74, 107, 112
ポスターセッション　1, 3, 19-21, 119
ポストコロニアル　95, 96, 100-102, **103**
ポスト世俗化　92, 94
ホスピス　135, 136
墓地　25, 114, 117-121, 125, 130
ボランティア　22, 30, 32, 91, 133-135, 152, 154

ま行

マインド・コントロール　82, **84**
マルチエスニック　106-108
宮座　17
無縁　118, 120, 121, 125
ムスリム　88, 96-101, 103, 109-112, 149-151
メディア・リテラシー　10, 14
モスク　108, 110-112
モノエスニック　106-108

や行

靖国神社　124-127, 130, 152
靖国問題　124, **130**
柳川啓一　9, 12, 14
柳田國男　47, 115

ら行・わ行

ライシテ　63, 88, 90, 98, 99　→政教分離
立正佼成会　30
両墓制　120, **122**
臨床宗教師　28, 67, 131, 134-136, **138**
霊山　69-71, 73, 74, **75**
霊性　136, 137, **138**
ロールプレイ　1, 108, 109, 111
鷲宮神社　48, 56

執筆者紹介

第 1 章・第14章　大谷　栄一（おおたに　えいいち）
　　　　　　　　奥付の編者紹介を参照

第 2 章　板井　正斉（いたい　まさなり）
　　　　　皇學館大学文学部教授

第 3 章　大澤　広嗣（おおさわ　こうじ）
　　　　　文化庁宗務課専門職

第 4 章　相澤　秀生（あいざわ　しゅうき）
　　　　　跡見学園女子大学文学部兼任講師

第 5 章　藤本　頼生（ふじもと　よりお）
　　　　　國學院大學神道文化学部教授

第 6 章　碧海　寿広（おおみ　としひろ）
　　　　　武蔵野大学文学部教授

第 7 章・第13章　川又　俊則（かわまた　としのり）
　　　　　　　　奥付の編者紹介を参照

第 8 章　小林　奈央子（こばやし　なおこ）
　　　　　愛知学院大学文学部教授

第 9 章　塚田　穂高（つかだ　ほたか）
　　　　　上越教育大学大学院学校教育研究科准教授

第10章　藤本　龍児（ふじもと　りゅうじ）
　　　　　帝京大学文学部准教授

第11章　猪瀬　優理（いのせ　ゆり）
　　　　　奥付の編者紹介を参照

第12章　白波瀬　達也（しらはせ　たつや）
　　　　　関西学院大学人間福祉学部教授

第15章　黒崎　浩行（くろさき　ひろゆき）
　　　　　國學院大學神道文化学部教授

編者紹介

大谷 栄一（おおたに えいいち）

佛教大学社会学部教授。主著に『近代日本の日蓮主義運動』（日本宗教学会賞・中村元賞、法藏館、2001 年）、『近代仏教という視座 ―― 戦争・アジア・社会主義』（ぺりかん社、2012 年）、『日蓮主義とはなんだったのか ―― 近代日本の思想水脈』（望月学術賞、講談社、2019 年）など。

川又 俊則（かわまた としのり）

鈴鹿大学こども教育学部教授。主著に『近現代日本の宗教変動 ―― 実証的宗教社会学の視座から』（共編著、ハーベスト社、2016 年）、『次世代創造に挑む宗教青年 ―― 地域振興と信仰継承をめぐって』（共編著、ナカニシヤ出版、2023 年）など。

猪瀬 優理（いのせ ゆり）

龍谷大学社会学部教授。主著に『信仰はどのように継承されるか ―― 創価学会にみる次世代育成』（北海道大学出版会、2011 年）、『創価学会 ―― 政治宗教の成功と隘路』（共編著、法藏館、2023 年）など。

基礎ゼミ　宗教学〔第 2 版〕

2017 年 4 月 20 日　初版発行	定価はカバーに
2024 年 4 月 15 日　第 2 版第 1 刷発行	表示しています

編　者　　大　谷　栄　一
　　　　　川　又　俊　則
　　　　　猪　瀬　優　理

発行者　　上　原　寿　明

世界思想社

京都市左京区岩倉南桑原町 56　〒606-0031
電話 075(721)6500
振替 01000-6-2908
http://sekaishisosha.jp/

© 2017, 2024 E. OTANI, T. KAWAMATA, Y. INOSE　Printed in Japan
（印刷 太洋社）

ISBN978-4-7907-1792-8